AQUARIUS

AQUARIUS

AQUARIUS

AQUARIUS

Catcher

一如《麥田捕手》的主角，
我們站在危險的崖邊，
抓住每一個跑向懸崖的孩子。
Catcher，是對孩子的一生守護。

當老師真是太棒了

一位年輕老師在教育現場的無限可能

黃 俊堯

（台北市碧湖國小老師）

這本書，我想獻給我的爸爸、媽媽與天上的爺爺、奶奶：

因為有你們，我才能平安、快樂且幸福地長大。

也因為有你們，我才能拚盡全力，勇往直前地追逐自己的理想。

未來，我會更努力地成為一個更有能力的老師，

將更多幸福帶給我教的孩子們，就像你們教會我的一樣。

【推薦序】

只要我們不放棄，就能更靠近孩子的心

文◎蔡宜芳（諮商心理師‧《接住墜落的青少年》作者）

看完《當老師真是太棒了——一位年輕老師在教育現場的無限可能》這本書，內心深受感動，深深感受到俊堯老師的熱忱。

我是心理師，同時也是國中的專任輔導教師。很感謝這些孩子在國小的時候，有幸遇到這樣一位願意去理解孩子們的老師。國小老師若能及時協助這些孩子，讓這些孩子的狀況及早被發現及處理，到了國中，問題就不會變得更嚴重。

書中提到的許多孩子，在我的眼前彷彿歷歷在目。如果你是教師，你一定見過這些大人眼中「不受教」的孩子，有些孩子很難以親近，抗拒和你接觸，對你的關心不理不睬；有些孩子好像總要測試你的底線在哪，對師長態度惡劣，還做出各種讓人抓狂的偏差行為。有些孩子一遇到挫折、不順心時，就大哭、大吼大叫、把東西摔滿地。

其實，這些可能都反映了孩子的不安全依附型態。

到底孩子怎麼會長成今天這個樣子呢？

你還記得，當你小時候遇到挫折、被同學欺負或考試搞砸了，回家後，父母會安慰你，還是你反而會被罵呢？

我們的主要依附對象通常為父母，這是長期而穩定的客體，是孩子探索未知世界的安全堡壘（secure base），讓我們在變動的環境中，依然有安全感；讓我們知道今天我去冒險、嘗試新事物時，如果失敗了或跌倒受傷，也有人在身後可以依靠。

而我們和母親的「依附關係」，長大後，也深深影響了我們和他人的關係。

例如：A小時候遇到挫折，哇哇大哭跑回家時，媽媽溫暖地抱住孩子、安慰孩子，和孩子一起討論怎麼處理。因此，A的心裡將能長出安全感，知道「無論發生任何事，都有人陪我一起面對」。

孩子從媽媽的回應中，形塑及內化正向的自我意象及對他人反應的善意期待，形成「內在運作模式」（internal working models，指自己和他人的互動過程中，漸漸地

形成對自我及他人的認識，以作為預測未來與外界環境互動時的參考）。

因此，A無論長大後遇到什麼挫折或困難，都會傾向將他人視為是友善的。這樣的孩子，比較樂觀、比較容易信任他人，遇到困難時也願意向他人求助。

而另一個孩子B，當他遇到挫折而哭著跑回家時，媽媽卻說：「哭什麼哭，這種小事有什麼好哭的？」當事情沒做好時，被媽媽責備：「這點小事都做不好，以後還能幹麼？」

B長大後，當男朋友不接電話、也不回電時，心中馬上連結到的是過去「被拋棄、不被愛」的經驗，內心的小劇場就被啟動了：「他不接我電話，他是不是不愛我了？我是不是做錯了什麼？」於是，B一口氣打了二十通電話，嚇壞了男朋友。

這個時候，B因為生存感被威脅，需要確認「自己是否被愛，還是真的被拋棄了」，使得理智無法控制自己奪命連環叩的行為。這樣的人，在人際上可能較為退縮，或對他人較容易產生敵意。

相反地，當A遇到男朋友不接電話、也不回電時，可能心裡也覺得不舒服，但不會馬上覺得自己要被拋棄了，因為在過去的經驗中，A感受到被愛、爸媽是可以依靠的。因此，儘管A可能也會馬上覺得「是不是我做錯了什麼？」，但能較理性地思考：「或許他正好在忙，手機沒放在身旁。」

這樣的關係型態常會在日後的人際關係中重現，指我們和主要照顧者（如母親）

的關係，會不自覺地複製到我們與他人的關係之中。

而這些孩子，就這樣來到各位教師的面前。

當B漸漸長大，在學校出現各種問題行為（如情緒失控、偷竊、說謊、反抗權威等），父母、師長從原本的循循善誘，到有一天終於受不了而對孩子破口大罵，覺得孩子壞得無藥可救，覺得他就是個壞孩子。

這時，父母、師長脫口而出情緒化的責備話語，B將再度用來驗證原本心中負向的「內在運作模式」：「大人就是不能信任的」、「我是不被愛的」，「你們都說關心我、愛我，你看，只要我不當個好孩子，你就不要我了」，而強化了原本不安全依附的型態。

願我們都能像俊堯老師一樣，不放棄任何一個孩子

我在教育現場，遇到很多導師教了十幾年的書，從原本的滿腹熱情、覺得自己身懷重任，卻不斷因孩子惹人厭的行為、挑釁的態度，而不由得感到心灰意冷。

請你一定要記得：「孩子對你的拒絕，不是針對你」。如果孩子在家庭中，沒有一個能好好回應他的大人，那麼，他也很難好好地回應他人。可能是孩子過去曾經受

的傷，讓他無法相信你和其他大人不一樣。

而身為教師的你，無疑地就是那個最寶貴的角色。只要你沒有被孩子的各種問題行為嚇跑，你從來沒有放棄過他，你還願意相信他是個好孩子。你對孩子的愛與不放棄，就是孩子珍貴的「矯正性情感經驗」（註）。

孩子會發現：「無論我犯了多少錯誤，都沒有被放棄，有一個人一直陪著我面對。」未來的某一天，或許孩子真的能收到你對他的愛。就像俊堯老師對孩子的陪伴，是孩子最珍貴的禮物。

這時，「大人都是不可靠的」、「我是討人厭的」的這些負向「內在運作模式」，終將能開始鬆動、改變。我想，這絕對是教育現場中最動人的風景了！

深深感謝俊堯老師不吝分享自己的挫敗經驗、和孩子的實際對話，以及各種創意的教學方式，撰寫出這本好書。

從書中的案例分享中，我們得以更靠近孩子的心。願我們都能不忘初衷，帶著當初的熱忱，繼續努力！

（註）指當個案再次經歷到在其他關係中未能解決，以及過去成長的依附關係中，經常經驗到的相同人際模式時，心理師或是個案的重要他人能以嶄新且有效的方式來回應，使個案體驗到新的、不同的人際互動模式，提供個案改變的契機。

【推薦序】

他沒有不見呀，他會一直在那裡

文◎蕭裕奇（資深國小教師．家長．作家）

現在的社會和我們小時候已完全不同了，老師不再是價值的圭臬。現在回想起來，以前很多老師的價值觀都是有問題的，更不用說那段不斷被體罰的不堪記憶，然而，過往礙於老師是權威的象徵，明明不合理，我們也不能反駁或是對抗。

我以前就是常常想反對老師的人，但壓根兒也沒想過，長大後竟然變成了一位老師。

剛踏入教育圈的時候，我仍然對老師與教育圈的許多形象和作為，感到懷疑；也因為感到懷疑，自己的角色衝突特別多。

因此，看了俊堯老師寫的許多教育現場的文字，總會在那些文字和背後的故事裡，想起了剛入教育圈的自己。看到俊堯老師如何站在學生的立場，溫柔地對待每一個孩子，像他暱稱的那些別人看似有問題的孩子，小刺蝟、小洋蔥、小麻雀等，如何被同理與溫柔地對待，然後才能軟化下來，學習面對問題。

這樣的孩子，在教育現場層出不窮。我常常覺得很多老師覺得有問題的孩子，其實都是寂寞的孩子。他們製造許多問題和紛爭，與老師、同學對立，往往都是因為不被理解。他們最需要的並不是被指正或是被再教育，而是「被理解」，如果他們都能遇到像俊堯這樣的老師，或許情況就不大相同了。

俊堯老師在書裡提到：

- 要多為孩子準備一雙聆聽的耳朵，聆聽孩子的聲音。
- 不要只看到孩子表面的情緒行為，卻忽視了孩子行為背後的故事。
- 老師願意和孩子站在同一陣線上，面對考試。
- 當接下一個問題班級的後母班時（其實常常有這樣的後母班級，都是由新任老師或代課老師去接），俊堯老師如何把自己當作是班上的一份子，讓班上的孩子重新找回自信與向心力。

如果沒有一顆真誠、坦率的心，沒有彎下腰來，讓自己更接住孩子一點，和他們站在同一個位置上，就無法看見像書裡那麼多孩子被理解，進而漸漸變成更好的自己的例子。

十年前，那個為了跳繩哭泣的小孩

我是個已經進入教育圈二十年的老師。看到年輕的俊堯老師和孩子們的這些故事，不禁反省起自己是否已漸漸失去教育的初衷，而成了一位僵化的老師。

我也想起了一些孩子與我的故事，有一件大概將近十年前發生的事，但過了那麼久，卻仍歷歷在目。

那年冬天，我遇到一個二年級的孩子。下課時，他站在教師辦公室門口，也不說話，於是我向前去問他有什麼事。他說：「我的跳繩的頭卡在水溝蓋裡面了，你可不可以幫我？」

我請他帶我去看看。走到操場上的案發地點，冷風迎面灌來，我們兩人看著卡在水溝蓋裡的跳繩頭。

我試圖用手搬動那個水溝蓋，卻發現根本動不了，原來已經被封死了。我告訴他：「這個蓋子被封死了，搬不動耶，可能沒辦法把跳繩頭拿出來。」他沒有回應，仍站在那裡看著水溝裡的跳繩頭。

看他這樣子，我又和他討論了一下，試了一、兩個他覺得可以的方法，但是都失

敗。這個時候，上課鐘聲響起。孩子的眼眶有點濕了。

一邊聽他哭著訴說，我一邊拼湊他與跳繩之間的情感——原來這條跳繩是他在幼兒園大班時買的，他很珍惜。但是上課了，我只能稍微安撫他的情緒，然後讓他先回教室。

下課時，他又來找我，對我說謝謝。「我覺得跳繩應該拿不出來了。沒關係，我再買新的好了……」

我回他說：「如果有一天下超級大雨，水溝滿出來的時候，它就可能出來了。」

「所以要等颱風來的時候嗎？」他問。

我說：「對呀，可能要等明年颱風的時候。你是不是覺得對那條跳繩已經有感情了，所以捨不得？」

他點點頭，眼淚又馬上掉了下來。

我拍拍他。「不過，其實它沒有不見呀。它會一直在那裡，你有空的時候，都可以去那裡看它呀！」

他點點頭說：「好。」雖然眼眶泛淚，但卻終於露出了微笑。

他沒有不見呀，他會一直在那裡。

每個孩子，都希望被大人溫柔以待

看完《當老師真是太棒了》這本書，我一直想起跟那個撿跳繩的孩子說的那句話，也想起自己的小孩曾經發生過的一些事。

我的小孩因為有些特殊，小時候不擅言語，曾經被老師誤解過，他非常難過。我們知道後也非常難過，並覺得遺憾。

而在俊堯老師的筆下，看到他寫著「被老師溫柔地對待，原來是一個孩子所渴求的事情。我們大人何嘗不是如此？」。確實，每個孩子都希望被大人溫柔以待。

書中許多和孩子相處的事，彷彿也都不斷在提醒我們大人反思。當中不只提到一次，就像我們做父母的常常都會對孩子說，「我這樣做，都是為你好」。父母往往會把許多期待、和未必是小孩想要的事物，強壓在孩子身上，然後扣上「我都是為你好」的帽子，殊不知孩子正默默承受著根本不屬於他的壓力。

這本書的許多故事和很多事情，對於身為家長、也身為老師的我來說，都有許多打動與省思。這位年輕老師好像不斷在提醒我們，孩子身為獨特的個體應該被對待的樣子。

謝謝俊堯老師寫了這本書。我們別忘了，每個大人也都曾經是小孩。不管受過什麼傷，每個人都渴望被溫柔地撫慰。

一、每個孩子都在等待一位懂他的大人

畢業之後，可能全班就永遠不再碰面，但他所面臨的這些困擾，卻可能伴隨著他一輩子。

在他的六年國小生涯中，我是只出現過四次的老師，只因為溫柔對待，而被這孩子記得。

目錄

二、小孩沒有想像中那麼好當

目錄

三、我的後母班

四、所有方法都是好方法，卻不一定適用於每個孩子

一、每個孩子都在等待一位**懂他的大人**

他是我同學

——喚醒同理心，化解班級霸凌

畢業之後，可能全班就永遠不再碰面，但他所面臨的這些困擾，卻可能伴隨著他一輩子。

一個被全班討厭的孩子，也是做事很用心的孩子

班上有個孩子，全班二十七名同學之中，有二十六人討厭他，對他口出惡言、毫不體貼，處處針對他，甚至有時候想要動手打他。

在我中途接班時，原本的班導就向我提醒過這個狀況。而我僅僅接班一個禮拜便

發現，原班導講得一點都沒錯，這個孩子的人際關係真的有太大、太大的問題。

他的衛生習慣極為不好，反應遲鈍（先天因素）。他看不懂他人的臉色，喜歡在別人玩到一半時，硬插進遊戲中。他觀察其他同學會開玩笑地打來打去，便也開玩笑地對同學說：「來打我啊！來打我啊！」結果他就被打了。

但是，這個孩子做事很用心。

打掃時間，我請他幫忙擦黑板。這是我人生第一次遇到擦黑板比我乾淨的學生（我過去帶的小朋友曾稱讚「俊堯老師超會擦黑板的，沒看過黑板可以擦得這麼乾淨」）。

只要是我交代的事情，這孩子總是很認真、很認真地去做，**即使做得不好，他依然很認真、很認真。**

有些先天病狀反映在心理，

我們唯獨了解，才能瞭然

一天上社會課時，社會老師請小老師收習作。這孩子就是社會小老師，但同學們卻

說：「老師，我們班沒有社會小老師。」坐在教室後面的我默默地聽著，同時思考著。

下了課，我拜託社會老師以幫忙的名義支開那個孩子。

我問全班：「有沒有人很討厭他的？麻煩你舉手，老師保證不會罵人。」班上有大約八成的孩子舉起手。

我繼續問：「請問有沒有人很希望他馬上轉走的？如果有，請你把手繼續舉著。」許多矗立在空中的手臂漸漸地放軟下來，收回自己的身體旁。但仍然有五隻手臂屹立不搖地高舉著，所以我問了他們原因。回答不外乎這些問題點：衛生整潔的習慣不好、不善觀察他人的臉色、愛亂入別人的遊戲等。每一點我都很贊同，一一附和說：「如果是我，我也會很不爽。」

接著我再問：「有沒有人希望他最好能馬上消失在這個世界上的？有的話，請你把手繼續舉著。」

五隻屹立不搖的手臂被這個鋒利的問題震懾住了……沒有人再堅持下去。

「老師最近聽到一個故事，想和你們分享。」

我說起剛剛在社會課時，腦海浮現的一段內容——

老師很怕你們的成長過程中，在學校遇到一種現象，這種現象可能發生在每個時代、每間學校，它叫——「霸凌」。而其中，老師認為最容易將人逼上絕路的霸凌，就是「關係霸凌」。心理學家阿德勒曾經說過，人生所有問題，皆來自人際互動。關係霸凌就是一種長期的人際互動冷落與排擠。

許多年前，澳洲有位小男孩，一出生便沒有下半身，經過搶救後，他存活下來。但他有因為活下來，從此一輩子過得幸福又快樂嗎？並沒有。

在小學階段，同學稱他為怪物、惡魔，叫他不要出現在世界上嚇人。他被同學當成球，一天丟到垃圾桶、一天丟到廚餘桶，還有同學拿美工刀劃他的軀幹……這樣的日子一天又一天地循環著。這個男孩，就是你們熟悉的力克·胡哲。

有沒有人知道小力克在小學階段，有多少次想自我結束生命？答案是超過十次。如果是我只擁有一半的身體，我也寧願不要活了，更何況每天都被同學當作怪物，周遭的環境更會讓我認為自己不值得活在這世上吧！

聽完我分享的故事，有個孩子立刻舉手說：「老師，可是力克·胡哲是沒辦法改變的，班上這位同學是可以改變的。」

我反問：「你看過他的診斷報告書嗎？」

他搖搖頭。

我接著說——

有些先天病狀反映在身體，我們一目瞭然。然而，有些先天病狀反映在心理，我們唯獨了解，才能瞭然。

有沒有人想過，他有多羨慕你們。他好羨慕你可以把桌面收得這麼乾淨；他好羨慕你不會因為空氣品質差而一直流鼻水；他好羨慕你解數學時都不會卡住；他好羨慕你字可以寫得好端正；他好羨慕你可以擁有朋友……但這些羨慕，他卻一個都做不到。

生命是一段連續而不可逆的現象，每個人的童年都只有一次，你跟他當同學也就兩年，最多六年。現在大家六年級，一年後畢業了，可能你們就永遠不再碰面，但這些他所面臨的困擾，卻可能伴隨著他一輩子。

老師沒有要你們當他的朋友，但我希望我們能一起合作，讓他長大後，有一天回想起求學歷程時，他會說，我覺得我的六年級同學們對我很好，至少，他們把我當同學。

即使無法喜歡一個人，但至少可以包容與體貼

幾個月後，和班上的一個男生聊天，他是當初對那個孩子十分不友善的其中一位。我問他：「你現在還是很討厭他嗎？」

他搖搖頭，回答：「不知道為什麼，自從老師叫我們不用當他的朋友，只要當他的同學就好，我就覺得**只是當同學，好像沒有那麼難**。雖然他還是有他自己的衛生問題，但現在的我不像以前那樣討厭他了。」

回想這幾個月的改變，很多人可能想問我：「班上同學有變得喜歡他了嗎？」以前，只要他的衛生紙一掉到地上，必然馬上引來其他同學的嘲諷或揶揄。但是現在，當一樣的事情發生時，我看到的是周圍的同學小小聲地提醒他，要他趕快把垃圾撿起來。

以前，同學們絕對不會讓他碰到自己的物品，不管是水壺、跳繩，甚至是聯絡簿，只要一被他碰到，就迅速拿去擦拭、消毒，甚至大發雷霆地對著他吼叫。但現

在，由於我常常帶著這孩子去洗手，也一起幫忙他整理桌子，在改善衛生環境之後，我發現，班上原有的那股厭惡、排斥感開始減少，甚至到最後開始接受他幫忙發聯絡簿。

以前，任何遊戲都會因為他的靠近、旁觀，而直接中斷。但是現在，我卻看到同學們願意讓他在一旁觀看，甚至有時候還願意讓他一同排隊加入遊戲。

所以如果要問我，同學們有開始變得喜歡這個孩子嗎？

我認為，要談得上喜歡並不容易，但是他們**在相處上，確實多了一份包容與體貼。**

經歷這件事情之後，我發現有時候霸凌或排擠的行為是從眾的。當班級內開始產生這股「針對」的氛圍，原本沒有想法的孩子，也會一股腦地加入排擠的行列，為了討厭而討厭；而原本就討厭他的孩子則變得更變本加厲，明目張膽。

然而，若大人願意花心思，用適當的方式引導，無論是從眾行為或變本加厲，孩子們之間形成已久的氛圍是有機會被改變的。

相處四次的老師
——當孩子情緒的消波塊

在他的六年國小生涯中，我是只出現過四次的老師，只因為溫柔對待，而被這孩子記得。

五年前的短暫陪伴，孩子竟然記在心裡

開學第一天，在歷經兵荒馬亂後，終於平安地將孩子們送到門口放學。剛喘口氣，手機就跳出一位家長來訊，我心想，才第一天開學就有學生出了什麼狀況嗎？有點緊張地點開訊息後，卻感到心頭一陣暖意。

那是小饅頭媽傳來的。在小饅頭轉學之前，我和他曾經有四次的相處緣分。

老師，您好：

您還記得小饅頭嗎？他有嚴重的情緒障礙問題，所以那時候在學校過得並不是很好。但是他到現在還記得您，也很感謝您。他請我轉達，說您是少數幾位溫柔對待他的老師……

長那麼大，從沒遇過這樣的小孩……我會不會有危險？

我的教職第一年是從輔導室的組長出發。那時候的我，大多數時間都在辦公室看著那些看不懂的公文，找尋因為迷糊個性而不知收到哪裡的文件。

有天上午，整個輔導室只剩下我一個小菜鳥留守顧家。我正忙著尋找一份弄丟的文件時，專輔老師的電話突然響起，我緊張地接起電話，另一頭傳來夾雜著稚嫩的緊張聲音，含糊地說：「老師，請你趕快來！我們班的小饅頭生氣了！」

孩子的求救聲讓我立即出發，依循著教室分布圖，我很快便找到目的地。一踏進那間中年級教室，只見許多張翻倒的課桌椅和撒落一地的考卷。一群孩子們驚慌失措地盯著我這裡看。

不對，他們的視線不是對著我，而是看向坐在我前方地板上的男孩。

我低下頭望著男孩——他口中發出低沉的怒吼聲，臉上混雜著大量的汗水與淚水，雙手持續在地上摸索找尋著紙張。只要手上一拿到紙，他便撕碎揉爛後，丟到一旁，同時間，腳還一邊踹著已經倒掉的課桌椅。

看著這一幕，我完全傻住。長那麼大，從沒遇過這樣的小孩。這到底是什麼情況？他是怎麼一回事？我會不會有危險？……那時候的我，腦中閃過的就是這些想法。

緊接著我會意過來，他就是那位生氣的小饅頭吧。

當下我真想逃跑！可是別無選擇，我慢慢地蹲下，鼓起勇氣簡單地向小饅頭介紹自己，但他看也不看我，繼續撕考卷。

我湊近一點，問他：**「請問，老師也可以揉嗎？」**

他嚇一跳，愣愣看著我，點了點頭。於是我也一起坐在地上，揉著他的考卷。

過了一下子，他停下來，身體姿態變得和緩，表情也變回小孩的可愛模樣。我再一次向他自我介紹，接著陪他把桌子扶起來，收拾好地上的考卷，而隨後趕到的專輔與特教老師把他帶離了教室。

我問他：

「老師是來幫你的。你還記得我嗎？」

「老師，請你趕快來，我們班的小饅頭生氣了！」

又是一樣的情況，獨自留守輔導室的我接到學生的電話，這次是在科任教室。科任老師無奈地看著我，似乎表達著「他又來了！」。

小饅頭一樣情緒高張，非常激動。同組同學的東西全被他掃落到地板上。他甚至幾度想把大討論桌掀翻，可是桌子太重，所以不斷聽到桌子被微微抬起，又重重墜落的撞擊聲。

我走過去小饅頭身邊，但他對我嘶吼著，不想讓我靠近。於是我在距離他幾步前的地方蹲下來，說：「**老師是來幫你的**。你還記得我嗎？」

小饅頭看著我，一樣對我吼著，可是音量有明顯降低。

「老師帶你出去散散步好嗎？等我們回來，再來解決問題。」我低聲對他說。他輕輕地點點頭。

徵得科任老師的同意後，我牽著嬌小的小饅頭漫步在校園內，看看草、聞聞花，跟他聊一些生活瑣事。

這時，我聽見一個稚嫩可愛的聲音回應我所聊的事情，原來這才是小饅頭平常的聲音啊！

手中牽著的小饅頭已經從原本情緒爆發的狀態，轉為一般可愛小孩的狀態了。所以我開始**和他聊**剛剛在科任課的事情，**聽他說**生氣的原因，**一起討論**等等應該怎麼善後，最後再把他帶回科任教室。

之後又有兩次，小饅頭生氣時，我帶他去散步，等他氣消，再帶他回到事發地點善後。

只不過，我們相處的時間很短暫，那個學期末過完，小饅頭便因為家庭因素而轉學。後來我沒再見過他，只有幾次在輔導室，聽主任和特教組長聊到小饅頭在新學校的適應狀況，聽著小饅頭開始適應新的環境，老師們都很替他感到開心。

被老師溫柔以待，原來是一個孩子所渴求的事情

由於見面的次數不多，每一回也都只是短短的散步時光，因此，這孩子在我心裡雖然有印象，卻並不是非常深刻。而對於那時才升三年級的小饅頭來說，這個只出現過四次的大人，應該是不足以寫進記憶區的，卻在五年後傳給我這段訊息。他還記得我，就因為我是少數幾位溫柔對待他的老師。

一股不捨的感覺湧上心頭。

由於疾病的狀況，他從小無法好好排解自己的情緒，也因此，與同儕的相處、互動這條路走得十分挫折。他需要花費非常多時間接受治療，以讓自己更加進步，家人也需要花費大量的時間和精力，陪伴及照顧他長大。在他的六年國小生涯中，我是只出現過四次的老師，只因為溫柔對待，而被這孩子記得。

寫下這篇，並不是要說自己是聖人，主張對孩子無條件地接納、包容，因為我也會生氣，我也做不到。

只是想要與您分享一個孩子的親身故事。**被老師溫柔地對待，原來是一個孩子所渴求的事情。**

我們大人何嘗不是如此？

親愛的小竹筍

——信任是慢慢建立的

讓我耗盡精力、體力與腦力的孩子告訴我：

「老師，謝謝你教會我怎麼冷靜及怎麼交朋友。」

一份令人感動的暖意

教師節那天，我一個人在放學後的空蕩蕩教室裡，看著小朋友們送的教師節大卡片，那裡面寫著他們的感謝及祝福，一面看著，一面內心也暖了起來。

突然，在卡片的右下角看到一段筆跡潦草的句子，仔細一讀，我的眼淚開始止不住地掉。那一刻真讓我覺得，能當老師真的是太棒了！

聽不懂他聲音裡的含意，我開始像偵探般推敲真相

小竹筍是一位讓我耗盡精力、體力與腦力的孩子。

有時候，他無法自己排解情緒，需要老師在旁引導，才有辦法將卡住的困難說出來。也因此，**他常常覺得受委屈**、**被誤會**，生氣、不甘心、難過的情緒全都交雜在一起，接著就是一次大爆發，弄得全班烏煙瘴氣。

三年級剛帶他時，常在科任課接到學生從科任教室打來的電話，話筒那頭永遠是緊張、慌亂的聲音說著：「老師！你快來！小竹筍生氣了！」不然就是我在和其他老師們開晨會時，班上的學生跑進來拉著我說：「老師你快回來，小竹筍剛剛打人！」

當我急忙趕到現場，眼前的場景總是慌亂的全班同學、拉著小竹筍的科任老師，以及身體顫抖、表情猙獰、邊哭邊大叫的小竹筍。

我只能先整理秩序，讓全班先安靜下來，並且安慰一下科任老師的情緒，接著將

滿臉淚容的小竹筍帶回原班教室。

一開始，他根本什麼都不願意跟我說，只是生氣地看著地板，雙手握拳，嘴裡一直發出憋著的低吼聲。

我聽不懂那聲音裡的含意，於是只能「猜」。我開始像偵探一樣，從地點、相關人物到關鍵事件，逐一推敲方才發生的事情。如果沒有猜對，小竹筍一樣低頭盯著地板，手握拳，生氣地低吼著；但假如我猜對了，他便會把頭抬起來看我，邊看邊哭。

漸漸地，我們建立起這樣的「解謎」默契（發生事情→帶回教室→開始解謎）。從同學笑他、朋友吵架、玩具弄丟、家人對他不好等，一次又一次，在這解謎的過程中，我們兩人的關係越來越好。

小竹筍的衝動行為頻率稍微降低，並慢慢地願意告訴我剛剛發生了什麼，**因為他開始相信我會幫他處理事情**。可是，他仍然常常與同學們起糾紛。

他一個人拿著羽毛球拍，靜靜地坐在原地……

有一天，小竹筍一早便開開心心地走進教室，向我炫耀著奶奶新買給他的一組羽毛球拍。這是班上第一位帶羽毛球拍來的小朋友，因此下課時，很多同學都去找他一起玩，和他對打。那一整個禮拜的下課時間，小竹筍沒有跟人打架、起衝突，也沒有發生任何口角。

正當我以為自己的好日子要來臨時，「老師，小竹筍又生氣了！他拿羽毛球拍打我！」「他作弊，不守規則！我們不要跟他玩。」……孩子們的抱怨開始如雪片般飛來，告狀多到我無法隨即處理。

小竹筍從每節下課都汗流滿身、開心地拿著球拍回教室，變成服裝整齊、表情失落地帶著球拍回來。

於是，我在下課時從教室往下望，寬大的操場上，孩子們三五成群地玩鬼抓人、打躲避球或是散步。每個人都快樂地享受著下課時間。

而小竹筍一個人，拿著羽毛球拍，靜靜地坐在原地。精力充沛的他，下了課總是第一個跑去操場，上課也都等最後一聲鐘聲響起才願意回教室。可是一整天下來，他就只是待在原地，手中握著兩支球拍，望著身旁追逐遊戲的同學們，直到上課鐘響再沮喪地回班上。

隔天的大下課時間，我走下樓，見他依然坐在那裡無聊地等待著。我問他：「要不要跟老師ＰＫ一場啊？」

從那天之後，不管颳風或飄著小雨，我們每節下課都到操場打球。持續打了一個半月，甚至在全校颳起一股羽毛球旋風，開始有許多孩子湊過來想要一起玩，或是有人帶著自己的球拍來排隊。

漸漸地，操場打羽毛球的不再只有我和小竹筍，會跟小竹筍打球的也不再只有我。於是我從選手退役，當起裁判，教他們怎麼打球，還有不公平或有爭議時該如何解決。看著孩子們開始懂得遵守規則、公平分組、服從裁判，我便慢慢地淡出下課的操場。

有天下課，我從教室望向操場，一群孩子開心地進行著羽毛球比賽，有人在排隊，有人當裁判，有人幫忙加油。

下課時，小竹筍不再是一個人。

下課十分鐘的英語家教

小竹筍和我之間，還有很多難忘的故事。像是每次英文考試，他的分數總是慘不忍睹，每當領回英文考卷，他便生氣地揉爛；之後又因擔心糟糕的分數被補習班老師處罰，而大哭不止。我只好請他下課時留下來，每次在他上完英文課以後，花五到十分鐘，帶著他重新再看一次課本內容，並且出隨堂測驗給他寫。

漸漸地，他的英文程度從一開始跟我雞同鴨講，轉變為能成功地回答問題。小竹筍能夠有如此的進步，關鍵絕對不是我，而是這孩子能夠放下情緒，開始用心去學習，不會時便來問我，請我教他。

因為學習態度的轉變與不再懼怕英文，才讓他有這樣的成長。

後山尋寶記

一天，上課鐘聲響了，孩子們都回到教室準備上課，卻沒有看到小竹筍的身影。

我問剛剛和他一起在操場玩的同學，才知道因為他的玩具飛機飛到後山去，現在

他正在後山山腳哭。

我連忙去山腳找到小竹筍，他邊哭邊說著：「那是媽媽給的，那是媽媽給的……」瞬間，我明白了這架飛機對他來說有多麼珍貴！因此向他保證，下節課，我會陪他一起想辦法，「我們一定可以把它撿回來！」

下一堂是科任課，向科任老師說明後，我真的帶小竹筍來到後山。但是由於雜草太多，加上地形起伏大，我要他在下面等我，「老師一個人上去就好。」可惜，這次由於時間不夠充足，我們失望地無功而返。

那天以後，我們一有時間就去後山，一樣請他在山腳下等，由我去找。小竹筍絕對不知道看起來勇敢的老師，每次上山冒著遭蛇咬、被蜜蜂叮，甚至不小心可能踩到別人的墓的風險時，內心其實怕得要命。但是為了那架媽媽送的飛機，我只好咬緊牙拚了！

在歷經了四次失敗、無數次的檢討與重新計畫後，終於在第五次時，我們順利找回玩具飛機了！

不過從此以後，我就禁止小竹筍再把飛機帶到學校，畢竟生命重要啊！

能當老師真是太棒了！

就在這些努力與荒唐的回憶中，看著小竹筍逐漸懂事與進步，我不禁好奇，自己所做過的努力與付出，他真的能感受到嗎？會不會一直以來都是我自作多情呢？

直到他升上四年級的教師節這天，我想，我得到了答案。

在那張卡片的最右下角，我看到小竹筍潦草的筆跡寫著：老師，謝謝你教會我怎麼冷靜及怎麼交朋友。

當下的那刻，我覺得：「能當老師真的是太棒了呀！」

擁抱小刺蝟（一）

——「大魔王」也只是個小孩

我氣小刺蝟的失控、不講理，
但其實更恐懼的是自己竟然對著學生暴走。

我們的友誼，從一場衝突開始

在其他篇章中，我曾提到與有情緒問題的小饅頭、小竹筍相處的故事。**這些孩子同樣都有可愛的地方，前提是我們要溫柔以待。**

但別以為我就是個對待孩子非常溫和、體貼的老師。有情緒障礙的小刺蝟和我的相識，就是從一場激烈的衝突開始。

隔壁班的大魔王和本班的暴走王，展開了爆炸接力賽

小刺蝟可說是我們這一學年的大魔王。有嚴重情緒障礙的他雖然每天按時服用藥物，但發作起來還是無法控制住自己，時常把整個班級、甚至別班都弄得天翻地覆，不得安寧。也因此，他是分班抽籤時，老師們都害怕抽中的籤王。

那是我第一年當導師，新學期的分班結果出爐了，小刺蝟在我的……隔壁班！感謝天上的阿嬤保佑我！

開學時，我想著只要隔壁班老師需要幫忙，自己一定要去協助。沒想到過了將近半個月，我一次忙都沒有幫上，反倒是她常常來協助我。因為第一年帶班的我缺乏經驗，全班時常鬧哄哄，並且班上有個容易暴走的小竹筍，開學第二週就情緒失控地把諮商室的桌椅全翻倒，還在裡面尖叫大哭了十幾分鐘。種種的班級問題導致才

開學不久便讓我心力交瘁，彷彿瞬間老了好幾歲。

然而，有個大魔王的隔壁班卻始終平靜、祥和，小刺蝟情緒十分穩定地與同學們玩在一塊。我很佩服隔壁班老師的帶班技巧，同時忍不住懷疑學校是不是記載錯誤，大魔王怎麼會是小刺蝟呢？

一個月過去了。某個空堂的悠閒時光，學生去科任教室上課，教室裡只剩下我與成堆的作業。突然，一聲「砰！」的巨響劃破寧靜，接著是激烈的尖叫聲。

我打開門，悄悄地探頭看向隔壁班，只見小刺蝟一邊尖聲怒吼，一邊把同學的物品從桌上掃落，甚至翻倒桌子。台上的老師竭盡所能地安撫他，然而暴走的小刺蝟彷彿進入了另一個空間，完全無法接收到來自他人的聲音。

經歷過自己班上的小竹筍之後，我原以為自己能承受情緒失控孩子的激烈行為反應，但當下卻被眼前的景象所震懾，一動也不動地呆站住。不要說幫忙了，我連該做什麼都不知道，腦袋完全空白。

幸好輔導主任聽到異常的聲音，機警地帶著其他老師一同進班，在多名老師共同努力地安撫下，耗費好一段時間才總算讓小刺蝟冷靜下來，願意跟著輔導老師離開教室，留下一整班受到驚嚇的孩子和滿是無力感的導師。

之後的日子，我們兩班開始一場又一場的「爆炸接力賽」，參賽選手是本班的小竹筍與隔壁班的小刺蝟。小竹筍上午爆炸，下午兩點便換小刺蝟上場；小刺蝟上午爆炸，小竹筍就在下午放學前接力延續……現在聽來或許覺得有趣，然而，我們兩個導師身為苦主卻一點也笑不出來。

隔壁班老師的帶班能力是我很佩服的，擁有輔導專長的她，輔導能力十分優秀，但以小刺蝟情緒失控的強度，要讓他冷靜真是極為艱難的任務。不過時間久了，我們兩個老師培養出小小的默契，每當小刺蝟又爆炸，隔壁班學生便暫時來我們班避難，讓她得以一對一地安撫小刺蝟。因此有時候課上到一半，會突然出現另一群學生加入，而這也是帶班經驗尚淺的我所能提供的最大幫助了。

老師生氣是可以的，
不過，要找一個適合小朋友的方法

一天放學後，我在教室裡埋首批改著堆成小山的作業，突然聽到「砰！」一

聲，很像是門被大力關上的聲音，把我嚇一跳，心想應該是風的緣故。但緊接著，「砰！砰！砰！」夾雜著嘶吼聲，「砰！砰！砰！砰！」，然後又是大吼大叫。

順著聲音，我走到另一棟樓的社團教室，走廊上，特教組長正極力安撫著小刺蝟。然而，狂暴的他想盡辦法要擺脫，硬是往前朝著教室門一陣猛踹，歇斯底里地大吼：「裡面的老師出來！」

原來是他來找好朋友，可是正在上社團課，所以老師鎖起前門，不讓小刺蝟進教室，他的燃點因此被引爆。

我也跟著勸說，但不管我們怎麼講，總是傳不進小刺蝟的耳中。他抓到空檔便跑去激烈地敲門，最後社團老師無奈地開了門。小刺蝟宛如看到仇人一般，握起拳頭衝過去要攻擊她，身手矯健的特教組長一個箭步搶先擋在兩人中間，但小刺蝟緊抓著老師的外套不放手。

老師耐著性子，不斷地解釋：「因為已經上課了，所以我請你離開教室，你一直不聽，我才把門鎖上。」特教組長也不停地安撫，請他冷靜。然而，不管誰的話他都不理，依然不斷地出手攻擊著社團老師。

我實在忍不住了！我抓著小刺蝟把他推向牆，只要他一往前，就再把他推回牆上定住。他對我大吼：「滾開！」我也回吼：「你鬧夠了沒有！」

他握起拳頭要打我，被我順勢拐倒在地。坐在地上的他仍不罷休，大聲對我飆罵三字經，脫下鞋子丟向我。我的燃點也被引爆了，大步地朝他衝過去——

「俊堯！」

兩位輔導老師合力拉住我，勸我冷靜，要我先離開，讓他們處理。回到教室，我心中的憤怒依然無法止息，全身激動地直顫抖。我生氣小刺蝟的失控、不講理，但我更無法接受的是——自己竟然對著學生暴走。

隔天，輔導主任將我找去。非常有帶班與輔導經驗的她靜靜地看了我幾秒，開口的第一句話是問：「很生氣喔？」

我有點不好意思地說：「現在沒有，但昨天有。」

接著她緩緩地說：「老師生氣是可以的，不過，人家只是小朋友，下次要找一個**適合小朋友的方法**。」

簡短的一句話，卻讓我自我反省好久。每個人都有憤怒的時候，但身為老師的我應該幫助學生，而非與學生形成對立；身為大人，我也應該讓孩子了解面對自己失控

的情緒時，該如何舒緩。然而在那當下，備感無力的我用了那樣的方式發洩情緒。若不是被制止，我可能真的會對小刺蝟動手，而造成彼此心中都無法抹滅的傷疤。

相信我，我陪你一起解決

這件事，我一直放在心中沉澱，思考著面對這樣的情況時，究竟什麼才是適合的方法。

任教幾年後，在持續與學生們的相處中，我學習到當孩子情緒暴走時，我能做的是讓他在一個合理且安全的範圍內，適時地發洩，而我陪在身邊，等個一小段時間之後，真誠地看著他說：**「老師在這裡，老師是來幫你的。相信我，我陪你一起解決。」**

相信我，我陪你一起解決——

這是小刺蝟教會我的事，也是我給我的學生們的承諾。

擁抱小刺蝟（二）

——老師陪你一起發洩情緒

一個人到底要多生氣，才會產生如此巨大的情緒反應？到底要多生氣，才無法透過自我調節來冷靜？

人見人怕的恐怖大魔王，
也只是渴望被看見的小孩

剛遇見小刺蝟時，我和大部分的人一樣，明明他只是個孩子，卻因為聽說過許多他的事蹟，而把他當成人見人怕的恐怖大魔王。

漸漸地熟識之後才發現，平日的他就只是個可愛的中年級小朋友，心思單純，個性怕生，聲音輕柔，連萬聖節來我們班上要糖果、餅乾，都只敢跟在其他同學身後，不敢自己向我開口。看著乖順又內向的他，實在難以與他情緒大暴走時的豐功偉業聯想在一起。

曾經想拿鞋子丟我的小刺蝟，與曾經想動手打他的我，勢不兩立的兩人竟然能破冰成為朋友，這一切都要感謝我們班的小竹筍。

小竹筍和小刺蝟都是情緒問題滿嚴重的孩子，也有很多共同點，或許是惺惺相惜，兩人越走越近。

有一次因為小竹筍又在科任教室暴走，我把他帶回班上溝通，等他平靜下來後，便請他幫忙整理東西。小刺蝟剛好經過，看到好朋友在教室裡，他直接走進來，迫不及待地展示他剛做好的玩具，那是一根用紙做的長長手指，做工非常精細。看著我們充滿好奇與興趣的反應，他開始得意地介紹製作過程。

從此，他越來越常出現在我們班，向小竹筍和我展現自己發明的玩具，有紙做的武器（刀、槍、手裡劍）、改造過的筆、用筆組合成的飛機等等，每一項作品都讓我們驚呼連連，讚嘆不已。

看著我們佩服的反應，他更加開心，也更願意與我們分享。

不知不覺，小刺蝟成為我們教室的常客。有時候只是進來晃一圈，看看我在做什麼；有時秀完新玩具，也會坐下來和我聊兩句。隨著累積的聊天與互動，我們的關係持續升溫。

有次我告訴他：「如果以後你需要老師幫忙，都很歡迎你來找我。」說這句話只是出於一番善意，其實從沒想過有一天，他會真的來找我兌現。

孩子無助地說：「老師，我好生氣！幫我……」

一天的科任課時間，我依然在教室批改永遠不會變少的作業簿，眼角微微瞥到小刺蝟在我們教室外，大步地來回走著，瘦小身軀搭配著刻意加重的腳步聲。這樣的行為表現，讓我明顯感受到他不悅的情緒。

來回兩、三趟之後，腳步終於在教室門口停下來。

他看起來表情猙獰，但是刻意壓抑著自己的情緒，看著我說：

「老師，我好……生氣！幫我……」

聽到這句話，我馬上暫停手上的工作，請他先進來，試著詢問他生氣的原因。然而不管怎麼問、怎麼猜，就是無法得知，而他也顯得越來越不耐煩。

眼看他就要暴走時，我冷靜下來，直截了當地問：「**你需要什麼樣的幫助？**」

他想了一下，跟我說：「老師，我想要發洩，我需要發洩！」

「如果一到十分，你現在有多生氣？」我問。

他聲音顫抖著回答我：「八。」

我一聽，直接牽起他的手，將他帶到輔導室外。他臉上瞬間浮現無比的失望，覺得原來我所說的幫忙，就只是把他帶到輔導室，請輔導老師幫忙！

我看出他的心思，趕快告訴他：「我不會把你丟給其他老師處理，我說好要幫你了。你在外面等一下。」

我借到了諮商室的鑰匙，把小刺蝟帶進諮商室。室內地板上擺了一個巨大的不倒翁娃娃，以及幾張小型的懶人沙發。望著房間內這些能抒發鬱悶的工具，小刺蝟一時之間卻不知道該怎麼開始，只是憤怒地站在原地。於是我對他說：「老師陪你一起發洩情緒！」

我率先出拳大力地打了不倒翁娃娃，再抓起懶人沙發，重重地摔在地上，接著用眼神向他示意。他接收到我的眼神，抓起了一張沙發高高舉起，再重重摔在地板上，然後抓起另一張沙發，大力地往下摔……

我們兩人在諮商室裡努力地打不倒翁娃娃、用力摔沙發，不到一分鐘便已經用盡全身力氣，癱軟在地上，嘲笑著彼此狼狽的模樣。

我疲憊地看著他說：「**原來生氣這麼累啊！**」

他笑著看我，點點頭並說聲：「嗯！」

「有沒有感覺輕鬆很多？」我問他。

他神采奕奕地回答：「有！謝謝老師！」

「很高興我們是用適當的方法發洩，既不會干擾到別人，又能達到抒發的效果。我也很高興，生氣的你願意忍住情緒，踏進教室來尋求幫忙。而我最開心的是，你

願意相信我。」我有感而發地對他說。

憤怒狂暴或崩潰大哭的他，
內心其實多麼孤單……

面對小刺蝟的狀況，老實說，我內心根本無法理解一個人到底要多生氣，才會產生如此巨大的情緒反應；到底要多生氣，才無法透過自我調節來冷靜。

但是，當看著憤怒狂暴或崩潰大哭的他，卻讓我感受到一股孤單的氣息。小刺蝟的內心想必是無比孤單的。身旁的同學、朋友甚至大人，沒有任何人發脾氣時的反應與自己相同。他一生氣便往往無法自我控制，大家甚至得先迴避或離去，以免遭受波及。

這次小刺蝟來找我幫忙，在過程中雖然沒有找到情緒背後的癥結，但我想要讓他體會，在生氣時，也能有適合的發洩方式。

更想讓他知道的是，**憤怒時的他，並不孤單。**

擁抱小刺蝟（三）
——我的夢想就是當老師

曾經的大魔王，此刻，慢慢地對我說：

「老師，你先讓我們冷靜一下。我會想辦法處理的。」

教室裡的緊張對峙

升上四年級後，小刺蝟的狀況日益穩定，情緒發作的頻率不像剛開學時那麼頻繁。老師們一方面比較放心了，但仍不免忐忑，他真的有進步嗎？

週三下午，我在二樓開會，天花板突然傳來一陣巨大的撞擊聲，停了片刻後，又是另一陣巨響。會議室正上方的教室是小刺蝟所在的中年級課後照顧班，想必又發生事情了。我趕緊上樓關心，一則關照小刺蝟的情緒，另外也擔心他在情緒失控下，傷到班上的其他學生。

一打開門，只見小刺蝟和我們班的一個同學在對峙著，兩個孩子都情緒高張，憤怒得雙手緊握著拳頭不放。我趕緊詢問課後班老師發生什麼事情。原來兩個人本來是一起玩的，卻在玩耍過程中摩擦出火氣，結果，小刺蝟把我們班同學的玩具弄壞了。

明白衝突的緣由後，我站在原地，靜靜地看著小刺蝟。他感受到我的目光，慢慢地對我說：「老師，你先讓我們冷靜一下。我們冷靜一下後，我會想辦法處理的。」

這句話讓我震驚得說不出話來。**一向火爆的他，這回竟然想到要先讓雙方都冷靜，再來處理事情。他真的進步好多！**

我微笑地對他說了一聲：「好啊！」便離開了教室。

之後的會議時間，未再聽到任何巨大聲響。

會議結束後，我又去課後班教室關心兩個孩子的情況，得知小刺蝟不但已經向對方道歉，甚至還提出了雙方皆可接受的補償方式，心中的不安總算放了下來。

我的夢想，是教出快樂的學生！

確定我們班的孩子沒事之後，我請小刺蝟跟我到走廊上聊聊。他也明白自己先前太過衝動，有些不好意思地低著頭。

我問他：「剛剛生氣而弄壞了別人的玩具，是不是有點太衝動了？」

他看著我，默默地點點頭。

我繼續說：「記得剛認識你沒多久時，有一次，你因為我們班同學對你開了你不喜歡的玩笑，氣沖沖地跑進我們教室，一進來就揚言說要打他，幸好當時他不在班上。然而，生氣的你卻因為找不到人而變得更加氣憤，根本不顧我在旁邊苦心勸導，當著我的面，直接將那個同學的桌椅都翻倒，然後瀟灑地離開教室，留下凌亂的桌椅與錯愕的我。」

我的這段話，讓他更加不好意思地抓抓頭，輕輕回一聲：「有嗎？」

「可是，現在的你在發生狀況之後，會想要冷靜下來處理事情，甚至找尋解決的方法。這是老師覺得你超棒，進步超級多的地方。」

他終於抬起頭來，對我笑著。

「小刺蝟，其實老師有件事，想和你分享……」

我看著小刺蝟，對他說起自己心底的一個夢想。

大三時畫的，我心目中的「好老師」圖像。

大學四年級時，有位退休老師來和我們聊班級經營的點滴。當時，他詢問台下的我們有什麼要分享的，我鼓足勇氣，對著老師和全班分享我的「夢想」。

我的夢想就是當老師。

我希望培養出的每一個孩子，在未來都能超越我的成就。當上老師後，我會努力地教我的學生們，不管是書本上的知識或是做人處事的態度，我都會努力教。

希望我的學生們在畢業後，會想起我這個國小老師，回來找我，跟我分享他們過得多快樂。

這就是我的夢想。

「小刺蝟，你雖然不是老師班上的同學，但你也是我的學生，更是我的朋友。老師明白你有你先天的情緒問題，但是，你會慢慢成長，慢慢進步！長大以後，要控制好脾氣，不要因為一時的衝動就犯了錯，這樣會枉費家人與老師們對你的照顧。

「除此之外，答應我一件事情：你要記得回來找老師，跟我分享你未來過得多美好、多精采！所以，你要好好長大，繼續學習，繼續進步。我們以後一定還要再相見，好嗎？」

「好！我會！」

我們互望著彼此，做出了未來的約定。

讓他進步的最大功臣，是他自己

升上高年級的小刺蝟偶爾會回來找我，有時要塊餅乾，有時分享自己做的新玩具，或者單純地來看我。雖然偶爾還是聽到他情緒暴走的事件，但頻率不再那麼頻繁。隨著時間過去，心智成長加上定期接受治療與輔導，他漸漸變得成熟了。

看著他的進步，沒有什麼貢獻的我內心也浮現滿足的幸福感，真的好替他開心。讓他進步的大功臣是家人、班導、特教老師、輔導室老師、學務處老師與醫師們，而最重要的是他自己，讓火爆的「小刺蝟」不致成為令人恐懼的「大刺蝟」。

希望小刺蝟能平安長大，未來要記得回來看我，遵守我們的約定。

也祝福我帶過的所有孩子們，在未來的人生中找到屬於自己的舞台，長大後能回來找老師，跟我分享你過得多快樂。

我一定會認真地聽你分享，開心地為你鼓掌！

不公平的事
——孩子無從選擇原生家庭

他看著天空，問我：「老師，如果我逆著地球自轉的方向往前跳，是不是能跳得更遠，離開這裡？」

讓人打從心底不捨的孩子……

法國哲學家沙特曾說過，這世上最公平的事情就是人有自由選擇的權利。我一直打從心底認同這句話，但是當老師之後卻發現，沙特好像忘了一群人——孩子並沒有辦法選擇自己的原生家庭。

在教育現場，總有許多讓人同情、捨不得的孩子。

照顧他的保母說：「這種小孩我不想養了！我要把他丟掉！」

阿傑出生於非婚生家庭，若用白話一點來說明，就是小三的孩子。他爸爸有自己的家庭，婚後出軌，妻子對此毫不知情，更完全不曉得有這個小孩的存在。

阿傑原本跟著媽媽一起生活，但是在他三歲時，人生出現巨大的轉變——媽媽癌症病發，加上她不是台灣人，在這裡無依無靠，沒有任何親戚或朋友能幫忙照顧阿傑。從此，他開始像顆皮球般，流落於爸爸不同的朋友家寄宿著。

五歲時，在親生父親幫助下，他寄宿於沒有血緣關係的保母家。

保母對阿傑的期待很高，希望他能夠獨立，因此他從念幼兒園起就自己走路上下學；上小學後，希望他品學兼優，考試必須科科都一百分。

一年級導師發現阿傑的能力比同齡孩子要高出許多。當其他小朋友才剛學注音符號時，他卻已能閱讀《國語日報》的簡單文章。數學課教數蘋果時，他發問：「老師，圖片裡的六顆蘋果是不是三顆蘋果的兩倍？」資優的程度令老師驚豔。

然而，老師也注意到這個學生有些狀況。他始終坐不住，上課時常突然起身走動，或者不停找旁邊的同學講話。雖然經老師提醒，他便馬上回位子坐好，坐挺身子聽講，但不到兩分鐘，又開始起來亂走動。

下課時，精力旺盛的他喜歡跟同學一起玩。然而，一旦興奮起來，他便會不由自主地碰一下同學，讓其他人感到非常不舒服，認為他動手打人，於是報告老師。好幾次老師詢問為何觸碰別人的身體時，他都說不出所以然，儘管保證不再犯，但卻總有下一次。此外，阿傑的字非常凌亂，並且寫作業的速度比一般小孩多了三、四倍的時間。

老師決定找保母談談阿傑在學校的狀況，沒想到卻先接到保母的電話。「老師啊，這個小孩我真的帶不下去了啦！我要求的事情都做不好，忘東忘西的，書包不會自己整理，便當盒和便當袋也洗不乾淨。這孩子真的太惡劣，快把我氣死了。我要棄養他！」

由於阿傑忘記繳午餐費，保母來學校補繳錢時，更當著阿傑的面，對老師數落說：「這種小孩我不想養了！我要把他丟掉，看誰要，就直接給他好了！」

聽著這些抱怨，站在一旁的阿傑始終低著頭，不敢有任何解釋。

有些事情不是孩子不想做到，而是他無法做到

經過多次與保母溝通，她終於接受老師的建議，請父親到校，讓老師與爸爸當面談阿傑的學習狀況。

聽了老師的說明，爸爸篤定地認為是老師不夠凶，不夠嚴格。老師耐著性子解釋，阿傑在保母家受的是打罵教育，也無法改變他的行為。

「爸爸，**有些事情或許不是阿傑不想做到，而是他無法做到。**」老師說：「我們都希望阿傑在學校有良好的表現，可是目前他遭遇到一些困難，是我和保母都無法解決的。我想，我們應該尋求醫師的幫助，帶阿傑去看醫生，聽聽醫師怎麼說，從中找出他的根本問題所在。」

老師停頓一下，語氣誠懇地繼續說：「如果醫師認為阿傑沒有事，而是缺乏嚴格的管教，那我可以調整自己對他的管教方式；但若醫師認為他有注意力方面的問題，我們也可以提早調整及配合，一起改善阿傑的行為狀況。」

阿傑爸終於被說動了。一個月後，診斷結果出爐，阿傑患有ＡＤＨＤ（注意力缺陷過動症），醫師為他開了專屬的藥物。

開始服藥後，阿傑有了些變化，個性不再衝動，原本三個小時也寫不完的作業，現在不到一個小時就能完成，字體也端正許多。

而且由於這樣的大改變，原本在班上人緣最糟糕的他，新的學期竟被同學們推選為班長。故事宛如童話情節般和樂地發展。

一天，母親到學校來看阿傑，許久沒見到媽媽的他開心極了。

媽媽向老師了解孩子的近況，卻對兒子服藥這件事情非常不諒解，當場打電話給阿傑的爸爸。雙方在電話中吵得不可開交，從孩子的課業一路牽連回過去相處時的種種，**兩個大人相互指責與謾罵，而一切內容，一旁的阿傑都聽得清清楚楚。**

最後，媽媽氣憤地掛斷電話，交代阿傑不准再吃藥、也不准再去看醫生之後，便

離開了學校。

從那天起，阿傑從人見人愛的班長，又變回人人喊打的過街老鼠。

父母的關係出了問題，
讓孩子受困在中間

我沒有教過阿傑，只因學校活動而與他有過一面之緣。那天下午見他獨自躺在操場跑道上，望著天空，我過去坐在他身旁。

他指著天空，問我：「老師，我看書上說地球會逆時針自轉，對不對？」我點點頭，佩服他的博學多聞。

他接著問：「那如果我逆著地球自轉的方向往前跳，是不是能跳得更遠，離開這裡？」

我笑著看他。「哇，阿傑，你問了我一個真的很棒的問題，但我先不告訴你答案。我希望你去找答案，找到後，來教老師。」

他坐起來，開心地回應：「好，我知道以後，一定會來跟老師說！」接著便跑去和其他孩子們玩盪鞦韆。

阿傑升上三年級後，有天，低年級班導師巧遇獨自蹲在走廊上的他。見他看起來悶悶不樂，老師問：「怎麼了？」但他也說不清為什麼感到難過。

老師蹲下來，給他一個大大的擁抱，告訴他：「就算我已經不是你的導師了，但一樣非常非常地關心你。你依然是老師的寶貝。」

老師的這一段話，讓阿傑突然崩潰地大哭，用盡全力，哭得聲嘶力竭，好像將心中的所有不公平、怨恨、傷痛和失落全都宣洩而出。

這是一位多麼讓人心疼的孩子，在成長過程中因為大人的問題，只能被夾在中間。他愛著父母，但在爸爸面前，媽媽是壞人；在媽媽面前，爸爸是壞人。

而在這個世界上，他覺得自己就像外人般，存在於每個不願接受他的地方。

體貼的小佩

——焦慮的她，過度努力了

我問小佩：「假如沒考好，『你』會覺得自己不好，是嗎？」

她點點頭。

一焦慮就摳指甲，摳到手指受傷、滲血……

小佩是個文靜、溫和的女孩，在班上的課業表現算是中上，情緒也滿穩定的，整體來說是天使般的學生。可是一天下午，她的媽媽來電，她說小佩最近開始會摳指甲，而且越摳越深，當她發現時，小小的手指上滿是受傷滲血的痕跡。

爸媽憂心忡忡地勸告她，這樣的行為不僅會受傷，還會不漂亮。可是她依然改不掉這個習慣，甚至變本加厲地擴大了摳的部位，傷口越來越多，實在讓他們好心疼。

幾天後的科任課，同學們都去科任教室了，我找個理由請小佩留下來一會兒。先跟她聊聊最近的學業與人際互動狀況，接著說明留她下來的目的，並且徵得她想要溝通的意願。

小佩告訴我，從這學期開學以來，她開始一緊張就會摳指甲，而且越來越無法控制。不僅在家裡如此，無論到學校或補習班，只要一感到緊張，她便透過摳指甲來緩和自己的焦慮情緒，尤其是每到一個特別的時刻——發考卷。

「你會擔心考試表現不好？」我問。

她有點遲疑地說：「對……」

「那老師猜，你最容易摳指甲的時候，就是段考時？」

她沉默地點點頭。

「是因為考不好會被處罰嗎？」

她搖搖頭。我接著問：「那麼，有人會因為你沒考好，而覺得你不好嗎？」

一聽這個問題，她便滴下眼淚。

我開始猜是誰會認為她不好——家人？補習班老師？還是……我？（好險，凶手不是我。）然而每一次猜測換來的都是她搖頭否認。所有想到的可能性都猜完一輪後，突然有個答案在我腦中浮現，該不會是……

「假如沒考好，『你』會覺得自己不好，是嗎？」

眼前的小女孩啜泣著點頭。

「小佩，為什麼你會覺得考得好才是表現好呢？」

她吸著鼻子說：「因為家人希望我考好……」

巨大的心理壓力，
她卻一個人默默承受

小佩的爸媽不是分數至上的父母，但心思細膩的小佩知道爸爸以前因顧及家庭，無法完成博士學位，對此，他心裡一直有遺憾，希望孩子們有好的學歷。**儘管爸爸沒有把想法說出口，但小佩仍察覺到了。**

爸爸未完成的夢想，年紀還小的她想著要自行承擔下來。她著急地想替爸爸圓夢，因而讓自己背負著「一定要考得很好」的抱負，一旦考得不理想，便覺得自己表現不好，是糟糕的孩子，對於沒有辦法為爸爸實現夢想的自己產生自責。

所以在考試前及發考卷前，小佩都特別緊張。因為對她來說，考試不僅是考試，更是認證自己是不是好孩子的關鍵時刻。

沒想到這樣巨大的心理壓力，她一直都是一個人默默地承受著……

「小佩，家人對你的愛，絕不會因為你考得不好就變得比較少。還有，爸爸的夢想是爸爸的夢想，不是你的。當初爸爸在做出選擇之前，一定經過了許多評估，不會是因為你的出生就決定放棄學業。但是，你依然可以將成為博士當作你的夢想，只是你要為了自己努力，而不是為爸爸努力。」

我很肯定小佩孝順又體貼的心。不過，解鈴還需繫鈴人，孩子的這份心意，需要傳達給父母知道。

覺得表現不好而焦慮的她，其實是在求助

幾天後，我約媽媽與小佩一起到教室，在媽媽同意下，請小佩在旁參與我和媽媽的對話。

一開始，媽媽仍百思不得其解為何女兒會緊張得摳手到流血，於是我問：「媽媽，你覺得小佩表現怎麼樣？」

「很好啊！這孩子很貼心，雖然偶爾還是會調皮，可是她真的很乖，很聽話。」

我又問：「那媽媽覺得她的成績表現怎麼樣呢？」

「她各科都不錯，唯獨數學好像真的不太行，我們還幫她安排去補習加強，可是又有點擔心這樣會不會讓她壓力太大。老師，小佩是因為這樣而摳手的嗎？爸爸今天沒辦法來，特別請我來問您。」

我沒有正面回答，而是順著媽媽的話，大膽地提出一個問題。

「媽媽，你說小佩的數學不太行，的確，數學是她在各科中比較不亮眼的科目。那麼當她數學考不好，你們會覺得她就是表現不好，是個糟糕的小孩嗎？」

「怎麼會！怎麼會呢?!」媽媽驚訝得急忙澄清。

「我相信你和爸爸一定不會這樣。但是，小佩會。」我說。

徵得小佩同意後，我將我們前幾天的對話內容轉述給媽媽知道。她從一開始的震驚和不能接受，最後邊聽，邊掉眼淚。

「小佩是透過自己的方式在幫著大人實現願望；也用著自己的方式，來面對焦慮的自己與沒有表現好的自己。」

聽我這麼說，媽媽看著小佩，一再重複著：**「小佩，爸爸媽媽對你的愛，絕對不會因為成績不好而改變。**

「你表現得很棒，爸爸和媽媽都非常非常愛你。」

為了自己而努力

這位體貼的孩子，非常努力地面對課業，將父母親未實現的夢想收藏在心裡，一個人去挑戰這世界。

可是，夢想本來就以不同形式存在於每個人心中，自己的夢想是無法打包後託付給別人的。反之亦然，當身上承載著來自他人的夢想時，那並非夢想，而只是別人

強加於自己身上的期望而已。

後來小佩依然很努力地學習，並且改善了摳指甲的習慣。

因為現在，她知道，她是為了自己而努力。

四年級的「畢業」典禮

——說再見是很重要的事

七件大事，一天一項，
開始了我們班的「中年級畢業活動」。

中年級的老師，
也想要好好跟孩子道再見

畢業典禮是六年級孩子的大活動，可是，唯獨高年級導師才能陪著孩子共同經歷這個具有紀念性的儀式。而同樣是花費兩年的時間與學生們相處、用心指導孩子的

低、中年級老師，每當兩年的階段結束，就只是靜靜地等待結業式來臨，帶著學生前往新的年段。

相形之下，我實在好羨慕高年級老師能透過一系列有意義的活動，與孩子們好好地說再見。教中年級的我，也想與班上的學生好好道別！

帶著不想留遺憾，加上羨慕、嫉妒又吃醋的心態，我下定決心，要替我們這班中年級孩子舉辦一場難忘的「中年級畢業活動」。

從四年級暑假倒數的前一週開始，我設計了七個活動，每天進行一項，直到結業式那天。

倒數第七天，我帶著孩子們做了一份回顧海報，一起回憶這兩年的成長與進步。

倒數第六天，我和孩子們將對於班級的祝福寫在卡片上，並將卡片貼在班級祝福大樹上，讓大樹開花綻放。

倒數第五天，我們將自己的期望寫在空白紙上，摺成紙飛機，進行夢想高飛大賽。

倒數第四天，我們一起舉辦同樂會，大吃大喝，享受一起吃飯的最後時刻。

倒數第三天，孩子們寫了一封祝福信給兩年後的自己，並約定好等到六年級畢業

BEST WISH
To 404
祝長命百歲
祝大家身體健康!!!
祝大家幸福快樂!

當天，我們要一起打開這封「給未來自己的信」。

倒數第二天，我們一起脫掉鞋襪，灑脫地刷洗地板，把教室打掃得一塵不染。

最後一天，我將兩年的生活點滴剪輯成一部影片，播放出來，那裡面有孩子們這兩年來的成長，也有我們之間的種種回憶。

播影片前，我告訴自己：「我絕對不會哭！都已經花了六天跟他們道別，再哭也太丟臉了。」

沒想到邊看，我的眼睛就像壞掉的水龍頭般止不住地流淚。辛苦熬夜三天製作的感人影片，就在小朋友們不斷低聲討論「老師哭了」的狀態下，完全不感動地播完了。

每一天活動後，我都帶著孩子們拍一張大合照。透過這一系列的活動與每天的倒數合照，我發現，心中的不捨逐漸被飽足的踏實感所取代。

原來，離別並非都是依依不捨，而是能透過我們彼此習慣的方式，來珍重再見。

來自過去的信、一張給現在的卡片，以及一本前往未來的書

時間滴答滴……兩年的時光悄然而過，兩年前那群中年級的孩子們，即將畢業了。畢業前夕，他們紛紛在下課時間回來找我，不約而同地問了一個相同的問題：「老師，兩年前那封給未來的自己的信，我們會收到嗎？」

我好感動，沒想到這群孩子們還記得！也沒想到時間過得這麼快，我即將要把這封信交到孩子們手中，結束這場持續了兩年的畢業活動。

畢業典禮結束後，我的教室裡再度坐著這群我熟悉的孩子。這是我們最後一次一同上課。望著全班，我清清喉嚨說：「各位同學，上課了！這堂課不需要抄筆記、不需要背成語，也沒有任何隨堂測驗。在這堂課，你們只需要收禮物。」

聽到有禮物，孩子們都睜大眼，我還聽到有人小聲討論著：「老師該不會要送我

們Switch或是手機吧！」

「那可能在夢裡才會實現。」我回說，接著繼續說明：「但在現實中，你們會收到三項禮物，分別是一封來自過去的信、一張給現在的卡片，與一本前往未來的書。」

來自「過去」的信是四年級的他們寫給自己的祝福。拆開信封，有孩子會心一笑，有孩子則默默蹙眉，原本吵鬧的教室頓時安靜下來。

我想，收到一封最了解自己的人所寫的信，字字句句必定都寫進心坎裡。有了來自過去的自己加油打氣，一定能在心中產生一股更強大的能量，進而支持自己往更艱難的未來前進。

此時，我送出第二項祝福——「現在」。

給「現在」的卡片是根據這些年來，我對每一個孩子的認識與觀察所寫下的，孩子給我印象最深刻的回憶、在相處中看到孩子的獨特亮點、給他們的建議……期待他們朝著正向的品格方向前進，往更遠闊的天空翱翔。

最後一樣禮物是一份**代表「未來」的祝福**。

童年應該是一輩子最快樂的時光，可惜，快樂的時光也總是過得特別快。很快地，他們就要面對這個屬於大人的現實世界，也會變成所謂的大人，或許會發覺這世界有許多事情都不再像自己原本所預期的美好，或許創意、興趣、純真遭現實所隱藏、甚至抹滅……

但我衷心希望他們能在心中保有著一份屬於童年的天真，長大之後，依然不忘記自己心中的那個「小孩」。

因此，我送給他們一人一本《小王子》，告訴他們：「就算長大，也永遠不要遺棄心中的那份純真與童趣。」

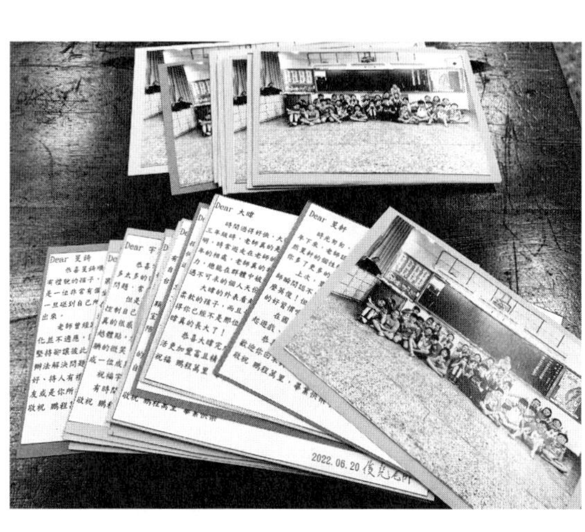

我們的最後一聲「下課」

拍完最後一張屬於我們的大合照，孩子

們有默契地回到位子上坐好，我對著其中一人點頭示意。

「起立！立正！敬禮——謝謝老師！」全班一同向我鞠躬說著。

我對他們說：「謝謝你們，祝你們畢業快樂。四年〇班，下課！」

這一聲「下課！」，結束了為期兩年的畢業活動，也結束了我和這群孩子們在國小相遇的時光。

看著他們身材抽高、胸前別著畢業生胸花的自信模樣，我的心被滿滿的感動填滿。我很榮幸能參與他們的童年，也很榮幸我的青春有屬於他們的篇章。

我覺得，能當老師真是太幸福了！

二、小孩沒有想像中那麼好當

我們的考前複習

——跟學生比賽考試，我輸了

在責備孩子不努力之前，不妨去寫寫看他們的考卷，
很可能會像我一樣發現——
其實學生沒有想像中那麼好當。

一場史無前例的師生大對決

段考來臨前，家長和老師們應該都如火如荼地幫孩子安排複習的進度吧。我也透過複習卷、小測驗等，試圖讓我帶的六年級學生們把學過卻遺忘了的知識拼湊回來。

但除此之外，我還在進行另一件事情，就是開始「認真複習」。

幫孩子們複習嗎？

不不不，是幫我自己複習，因為這將是一場腥風血雨的師生對決。

身為老師，我怎麼可能考輸學生！

從期中考前，我便與全班同學進行考試比賽。國語、數學的平時考卷，每一張，我都陪著他們一起考，只要孩子考的與我同分、或甚至分數超過我，我就為他們加獎勵分數，作為集點換卡片用。

多了這項小競爭的心態，**考試突然變成一項有趣的活動**，因為每個孩子都湧起一股強大的好勝心，拚命想考贏老師，不僅能證明自己的實力，還可以加分換卡片。

因此在考試時，出現一些有趣的變化。原本孩子們總是快速寫完，也不管有沒有看清楚題目，只想要趕快交卷，好做自己的事情；但是現在當我說「還沒寫完的舉手」時，班上約莫一半的同學都舉手，其中有些人老早便寫完了，卻開始檢視自己的答題，不希望因粗心而無法取得勝利。畢竟在台上作答的老師，可是平均分數高

達九十八分的高牆啊！

看到這樣有趣的改變，在期中考之前，我正式向全班下戰帖：

「老師要五科都跟你們比賽！」

看著底下的孩子們因獎勵加碼而興奮地手舞足蹈，其實我心中打著如意算盤：這場比賽，我怎麼樣都不可能會輸。

為了激發他們的動機，我還刻意提高加分獎勵。

國小的題目，對我來說應該不會太難，何況國語、數學是我教的。社會課時，我也都坐在教室後面「旁聽」，多少有些許記憶。國小英文應該還好。國小自然……笑話！我國中可是理化小王子！

雖然我很有自信，但考前半小時，我還是緊張地向學生借社會課本翻一下，想讓自己安心一點。只是不借還好，一邊翻看著，一邊卻越來越覺得情況不太妙……

這次的考後檢討，不是針對學生，而是老師自我反省

終於，期中考結束了，考試結果即將出爐。班上每個孩子都屏息期待著「自己的分數」，以及「老師的分數」。以下便是我五科的考試成績：

・國語：九十八分。

・英語：一百分。

・數學：九十二分（我常常提醒孩子們，若用到圓周率「三．一四」時，答案要記得寫「約」，結果我因為忘記寫「約」而被扣了五分）。

・自然：八十八分（原來當兩個性質不同的氣團相遇時，在交會處會形成「鋒面」，而不是「滯留鋒」；原來傳導和輻射這麼容易混淆……）

・社會：八十六分（真的好難啊）。

就這樣，我輸了。不只是單純的小輸，而是輸得一敗塗地。不只輸了一堆卡片，更重要的是輸了我那些「小王子」的頭銜。

看著灰心喪志地呆坐在辦公桌旁，不吃不喝的老師，班上一些天使孩子來鼓勵我：「老師，沒關係，下次再進步就好了！」但也有些孩子走過來跟我說：「請問國中的理化小王子在哪裡呢？」（真是太令我生氣了，當天功課我直接多出兩樣。）

然而，看到學生們盡力去準備、想要爭取更好的分數、想要拿到卡片，並且想要贏過老師，我心中卻是開心不已的。

同時我也很驚訝，原來六年級的孩子們在學這些觀念。這些考卷已經不是我簡單地翻翻課本就能輕鬆應付了。

也因此，我在考試後與全班一起開了一場檢討會，檢討我自己的應考態度，以及我的考試結果。

我告訴他們：「高年級已經不是一個隨便藉由小聰明就可以輕鬆應付的年段了。在高年級，有更多仔細、深入的觀念，存在於每一個科目與單元之中，而要把這些單元學會，就需要平常努力地學習及練習。否則……否則就會像老師一樣考得一塌糊塗，為了沒有表現出自己的實力而懊惱不已。」

原來，小學生沒有想像中那麼好當

曾經在書上看過一句話，一件事情只要賦予它目的，它就會變成有意義的事。當「寫測驗卷」這件事被賦予了目的，原本痛苦的事情就有了不同的意義。

或許有人覺得考試應該是跟自己比，學習是要對自己負責。我完全贊同！但**「啟動孩子的學習動機」，是我對教師專業的負責。**

考得不好有很多原因，計算錯誤、觀念混淆等，而更多時候是孩子的先備知識基礎不穩固。找出原因，才有機會改善。

看到孩子考不好，大人在責備他們不認真、不努力之前，不妨也去寫寫看那張考卷，很可能會像我一樣發現——其實學生沒有想像中那麼好當。

當電擊停止時

——減少孩子的習得無助感

他們的成長經驗裡，一直在學習中落敗，
每次考試總是給他們重重的一擊，
在還沒復原，也還沒學會時，下一擊又重重地到來。

重複遭電擊的無助感

大一修習「教育心理學」時，有天，教授向我們介紹一個教育名詞：「習得無助感」（Learned Helplessness）。這個詞彙是心理學家塞利格曼（Martin E. P. Seligman）從實驗中提出的現象。塞利格曼將一隻狗帶到房間，在這個房間內，無論狗做出任何反應，都給予電擊。一段時間後，他再把狗帶到另外一個房間，仍然會給予電擊，但這次多了一個機會，房內有個按鈕，只要碰觸按鈕即可關閉電擊。然而可怕的是，狗進到新房間後便立刻趴在地上，不願做任何嘗試，只願接受一次又一次無情的電擊。

這項實驗看似與我們無關，但若是做個簡單的替換：將前面的**對象替換成「學生」，電擊替換成「辱罵」、「嘲笑」、「冷漠」，再把按鈕替換成「學習」**——替換後的一切，將會是什麼情況？

這群這麼棒的學生，為何出現在這裡？

升大三的暑假，學長叫我一起去偏鄉的一所國中，為那裡的國三學生進行補救教學。

當時，我的心中存在許多恐懼，腦海浮現出自己國中時，那群流氓朋友凶狠的臉孔、傲人的態度、巨大的菸癮，及他們渾身發散出憤世嫉俗的厭世感。光是想像，就讓完全沒有任何經驗的我退避三舍，更何況是要成為他們的老師。不過，再怎麼

慌張或不安，都比不上心中那股能當老師的興奮感，於是沒考慮多久，我還是決定跟著學姊和學長他們一同前往。

初次見面時，學生的人數雖然不多，但是都炯炯有神地看著講台上的我，專心地聽我自我介紹，並且與我有互動。我心中不禁疑惑，這群這麼棒的學生，為何需要出現在這裡呢？

然而，隔天開始上正規的數學課時，卻發現這些孩子與我互動的興趣降低，有的發呆，有的則趴在桌上，完全提不起動力來上課。但教的內容明明就是他們剛學過的，我應該也將觀念解說得很詳細啊！怎麼會這樣呢？

在樓下整理教材時，班上一個叫阿文的男生主動來幫我拿教具上三樓教室。經過二樓的衝刺班時，看著裡頭在黑板上振筆疾書的老師及底下埋頭抄筆記的學生們，我們倆都被肅靜且壓迫的氣場震懾住。

這時，我耳邊輕輕傳來一句話：「老師，成績真的那麼重要嗎？」

我一時不知要怎麼接話，阿文繼續說：「我們老師都跟我們說成績很重要。就像成績把他們分到二樓的衝刺班，卻把我們分到三樓的補救教學班。」

我趕緊告訴他：「只要努力，有一天你也有辦法到二樓啊！」

他笑笑地回我：「老師，不可能啦！**那永遠都不會是屬於我的地方。**」

有習得無助感的孩子，怎樣才敢觸碰「學習」的按鈕？

放學後，我們進行課後議課，分享當日的課程與教學心得。聽大家聊著自己班孩子令人滿意的課堂表現，我不知所措地心想：為何我的課堂感受與他們截然不同？

我說出遇到的挫折，和心中最大的困惑：「孩子們明明下課時跟我互動良好，為什麼一開始上課，他們就像僵化了一樣，變得沉默？」並且轉述阿文講的話。

學長問我：「你知道我們來這邊的任務是什麼嗎？」

我認真地回答：「教會他們考不好的科目。」

學長說：「我們的任務**除了教會他們以外，更重要的是點燃他們的學習動機**。有些孩子連A到Z都還沒背完整，數學甚至連四則運算都會出錯，國文要寫出一段完整、通順的句子更是幾乎不可能。

「他們有些人早就放棄了學習。他們的成長經驗裡，一直在學習中落敗，每次考試總是給他們重重的一擊，在還沒復原，也還沒學會時，下一擊又重重地到來。他們來學校，真的只是在度時間。所以我們要帶起改變，改變他們的心態，想辦法讓他們重拾動機，不要放棄學習。」

我去觀摩學長上課，教室裡，學生與老師有說有笑。他們正在上英文發音，先用子音搭配母音，拼出cat、dog等單音節的單字，再帶入遊戲練習。聽起來如此簡單的內容，卻是一堂國三的英文課。

究竟有習得無助感的孩子，在什麼情況下，才敢去觸碰那個名為「學習」的按鈕？學長親身示範讓我明白，答案是：課堂中正向的成功經驗。我決定要**為了學生們，改變教學方法**。

我將課程增加彈性，調至從國一的基礎開始，融入分組活動以增加學習的趣味性，並設計獎勵制度，讓孩子們上課時「有事情做」，提高參與感。漸漸地，學生在我的課堂上活了過來，碰到困難的問題時，也不再像原本那樣直接選擇趴著放棄，而是願意嘗試解題。

當孩子們在課堂中願意嘗試，並且獲得正向的成功經驗時，改變便會出現，如同王政忠老師說過：「改變只要開始發生，改變就會不斷地發生。」這些一點一滴堆砌著孩子的基礎，也提升了自信。

男孩激動地說：「這是我領到的第一張獎狀！」

身為老師，我們都明白在學習上不能放棄任何一個孩子。然而，當自己已盡力講解得淺顯易懂、深入淺出，有學生卻始終聽不懂、跟不上，只能在台下發呆，成為課堂中

永遠的「客人」，這樣的狀況難免令我們感到無力。而這些無力感長久累積，也會造成孩子龐大的心理壓力，在心中默默地對於「學習」這件事，築起一道巨大的高牆，無法跨越，就只能選擇逃避。

因此我想，對這群孩子更重要的，便是先引發他們自身對於學習的動機，帶著他們去嘗試，給予他們勇氣，陪伴他們一步一步地擊垮那道心中的高牆。

期末的結業典禮時，我們會頒發獎勵給孩子們，除了單科成績優異、雙科成績優異及全科成績優異的獎狀之外，還有全勤獎。有些孩子無法達到成績目標，便會拚全勤獎，從開課第一天到最後一天，不管颱風或下雨都一定來上課。

頒獎之後，有個男孩手舞足蹈地告訴我們：「這是我國中讀到現在領到的第一張獎狀！我要回去跟我阿伯講，我拿到獎狀了！」

一張獎狀，對學習勝利組的人來說可能平凡無奇，然而對於這群孩子而言，卻是這麼珍貴。**這張獎狀是對孩子的一份正向肯定，肯定他們對於學習的嘗試與努力。**

面對學習，這一次，孩子終於因為勇敢地努力嘗試而去觸碰到了「開關」，讓電擊停止了。

我是為你好
——每個孩子有自己獨特的個性

他說話依舊支支吾吾，依然對自己不太有信心，可是，這就是一個人的性格。

當孩子不是你所期盼的樣子……

「老師，你可以告訴我要怎麼教小孩嗎？」「老師，為什麼我兒子怎麼講都講不聽？」當老師後，我最常被問到這一類的問題。

身為大人，你對小孩有什麼期望嗎？

不管是家長或老師，對家中的孩子或班上的學生都有許多期望。如果孩子能達成我們所想的，當然讓人感到驕傲又滿意。但是若努力培養孩子，孩子卻無法達成你所期盼的樣子，你會有怎樣的想法？

他緊握在手中的紙，是沒完成會被處罰的「任務單」

個性溫和又善良的阿軒，課業與人緣都相當不錯，是個讓老師放心的學生。然而，他對自己極度地缺乏自信。若更精準地形容這種不自信，應該就是「畏縮」。他的畏縮不只表現於面對挑戰或人群的態度，以外在行為來看，他駝背、說話支支吾吾、依賴性強，並且缺乏自己的想法。

剛開學不久的某天下課時，我注意到阿軒膽怯地拿著一張紙，默默地穿梭於同學之間，那種既要向前、又不敢向前的行為引起我的注意。雖然好奇，但我心想應該是小朋友們在玩遊戲，也就不多加干預。

直到當天放學鐘聲響起時，見阿軒臉上有明顯的惶恐與不安，我趕緊走過去關心，問他：「怎麼了？」

但他沒有回答，只見他東張西望，看著同學一個個到走廊排路隊準備放學，他的表情顯得更加不安。這時我發現阿軒像早上一樣，手中緊緊抓著一張紙。

我蹲下來問他：「你現在感到緊張和害怕，跟你手上的這張紙有關嗎？」

他看著我，點點頭。

我說：「沒關係，老師來幫你。可以跟我說說看你為什麼害怕嗎？」

阿軒慢慢打開手中的紙，哽咽地告訴我：「這是爸爸給我的任務。如果我沒有完成，會被處罰。」

接過那張紙，仔細一看，紙上畫出兩欄，第一欄寫著全班同學的姓名，第二欄幾乎是空白的。往上對照，發現最上方的欄位寫著**「綽號」**兩個字。

我瞬間明白了！爸爸要阿軒來學校詢問同學們的綽號。可是才開學不久啊，何況並不是每個人都有綽號，這樣的任務實在有點困難。

看阿軒害怕到幾乎要發抖，我先安慰他，要他先回家，同時心裡決定要與爸爸聯絡，希望能幫忙減緩處罰的程度。

內向的人並非沒自信，而是信心沒發揮在外顯行為上

阿軒的爸爸很高，一看就知道阿軒的身高是遺傳自他。但父子倆極為不同的一點是，爸爸說起話來充滿自信，態度十分穩健。

他覺得阿軒太內向，為了訓練兒子有自信地表達，因此他出了一些「任務」，若完成就有獎勵。那任務失敗呢？

「任務失敗，嗯……那就有處罰。我是希望讓他記取教訓，下次能警惕自己。」軒爸開始述說任務的內容：為了讓阿軒更快認識全班同學，爸爸給他兩天的時間，請他蒐集同學們的綽號；為了讓阿軒敢與陌生人互動，在速食店，爸爸會讓他去櫃檯要衛生紙；除此之外，為了讓阿軒成為自律的孩子，他必須在規定的用餐時間內吃完飯……爸爸希望在最短的時間內，快一點將阿軒訓練成他心中期盼的樣子，所以當阿軒達不到，就得接受懲罰。

我理解家長望子成龍、求好心切的期望，但也努力地向爸爸說明，以我對班上的觀察，在同齡孩子中，阿軒已經表現得很棒了。**內向的人並不是沒有自信，而是他們的信心沒有發揮在外顯行為上。**所以希望爸爸再多給一些時間，要讓阿軒對他人講話有自信，循序漸進地進行或許更適合他。

聽了我的話，軒爸點點頭，回說：「我會想想看怎麼調整。」

事後與輔導主任分享這段談話，主任聽完便跟我說：「如果有下次，你去問爸爸，為什麼希望他兒子能『快』一點。他有什麼時間壓力嗎？」

在成長中有犯錯的機會，是身為孩子的權利

一個多月後，軒爸主動來找我談孩子的狀況。原來是阿軒因達不到爸爸的期望，而以欺騙或逃避的方式避免處罰，讓他既生氣又無奈。

我問爸爸：「你好像很希望阿軒能趕快成為一個自律的孩子？」

他反問：「誰不想？」

「當然，每位家長都希望培養自己的孩子自律，我也想讓班上的孩子們都培養出自律的態度。但是爸爸，我覺得你有點在趕時間？」我記得輔導主任的提示，問出

這個問題。

爸爸突然安靜下來，眼睛微微地看向旁邊，慢慢地吐出這句話：

「我能陪他的時間沒剩幾年了。」

我心想，完蛋了，我問錯問題了！軒爸是不是得什麼絕症，時間不多了？阿軒真的是太可憐了……

所幸在我出口安慰造成笑話之前，他繼續說了下去。

原來為了陪伴家中這唯一的孩子，軒爸毅然決然地辭去工作，因為童年只有一次，他希望孩子的童年時光有父親全心全意的陪伴。等阿軒小學畢業，他就會重返職場，眼看時間沒剩下幾年了。

爸爸失落地說：「我花費了所有時間與力氣陪伴他，傳授他正確的人生觀念，培養他適切的人際互動技能。我陪他寫作業，帶他四處玩，甚至為了他去參加許多親職教育講座。我這麼做，都是為了他好。我對他付出這麼多，花這麼多時間陪伴他，卻感覺我們父子之間的關係越來越遠。

「我也不想處罰，但他總是達不到我心中所期望的樣子。在處罰他的時候，我也於心不忍。然而，時間就是有限啊！」

聽了這番內心話，我既感動又感慨地說：「爸爸，我覺得你的愛絕對不比別人少。你對於阿軒是如此用心與付出。但**每天聚焦在一個人身上，不管他多麼優秀，總是容易被找到缺點**。阿軒真的很優秀，不過，在成長中有犯錯的機會，也是他身為孩子的權利。」

我不清楚軒爸有沒有接受我的觀點，並且因為自己非輔導專長的老師，因此，後來我幫他報名了學校針對家長所開設的小團體課程，希望能協助他透過與專業的心理師對談，來找尋自己與孩子在教養上的平衡點。

從修正的過程中，找出最適合這個孩子的教養方法

大人身上擁有一盞燈光。身為老師的我，將燈光照射在班上的孩子身上，這盞光源被全班共同分配。父母親則將燈光照射在家中的孩子身上，為家中的寶貝所享有。

這盞光源，名為「愛」。當照得太少，孩子會感受到大人的冷落；然而當照得太多，孩子也可能被強烈的光所灼傷。

可能有人疑惑，難道軒爸這樣的方法是錯的嗎？

我認為教養之所以難，是因為對象是孩子，但每一個孩子都有屬於自己獨特的個性，沒有一套正確的教養公式可以直接套用在每個孩子身上。我們只能不斷地嘗試與修正，從修正的過程中，找出一套最適合這個孩子的教養方法。

後來在阿軒手中，我沒有再看到任何任務單。阿軒說話依舊支支吾吾，依然對自己不太有信心，可是，這就是一個人的性格。

人有無限的可能，碰到不同的事件與經歷之後，個性也會有所轉變。我想對於阿軒而言，目前最重要的不是想辦法變得外向，而是要讓他找到與爸爸相處上的平衡狀態，感受到爸爸的愛。

不敢說「不」的小泡芙

——愛自己是需要學習的

我要讓孩子們知道，在教室中，
有一位願意傾聽、願意支持、願意陪他們一起想辦法的大人在。

陪著孩子，也讓我再長大一次

當老師最好玩又有趣的是能遇到不同個性的孩子，讀到不同孩子獨特的生命故事，碰到許多不可置信的風趣、無厘頭、荒謬的事件。從陪他們長大的過程中，自己也再經歷了童年一次，再長大一次。

小女孩說：
「拒絕他們，我會覺得對不起他們。」

小泡芙是班上一位很可愛、很單純的小女生，身邊常常圍繞著許多朋友，跟大家都能好好相處，是個受人喜愛的小孩。

有天下午，她和小芝麻特別在同學去上科任課時留了下來，要跟我說一件事情。

「老師，我不想幫同學傳紙條。」小泡芙說。

我看著她，直覺式地回說：「那你就不要幫他們傳啊！」

接著我順勢開始對小泡芙講道理，告訴她，我們要自己判斷正確與不正確的事情啊，如果是不正確的，就要拒絕別人……

聽我說完一大串道理之後，小芝麻說：「可是老師，他們是她的朋友啊！」

我閉上嘴巴，眼睛轉向小泡芙。她也望著我，在我開口前便跟我說：「我不敢講。」

「為什麼？」

「因為拒絕他們，我會覺得對不起他們。」

我聽了之後沒給出回應，一直沉默著。小芝麻看我不講話，問我：「老師，如果是你小時候，你會怎麼做呢？」

我還是沒開口，只是看著她們笑了笑，請兩人先去科任教室。

她們離去後，我便把教室鎖起來。在空無一人的教室裡，我的腦海中重複迴盪著那句：「老師，如果是你小時候，你會怎麼做？」

我不要學生像我一樣，
卻不知道怎麼教他們

如果是我小時候，我會怎麼做？

我會……什麼都不敢說，因為拒絕他們，我會覺得對不起他們。這就是我心中唯一的答案。

這也是為什麼我剛剛安靜地看著小泡芙的原因。因為坐在我眼前的不僅僅是小泡芙，還有那一直以來都不懂得拒絕別人的自己。

我就是一個不知道怎麼開口拒絕的小孩。在我的小小世界中，別人的感受永遠大於我自己的感受，別人的事情永遠比我自己的事情重要。

而隨著長大，我學會的是什麼？是「忍耐」，一直忍耐；還有「逞強」，不斷地逞強。總覺得當自己無法答應別人或幫助別人，就是我能力不好、我不行。

於是，我只能請她們離開，因為不能對她們說出心中的答案。我不要我的學生像我一樣，忍耐與逞強絕對不是最好的解答，但我卻不知道怎麼教她們。

這是我身為老師以來，第一次逃避學生的問題。

為孩子，準備一雙願意聆聽的耳朵

幾天後，小泡芙媽來找我談女兒的事情。她說小泡芙在家一樣是忍耐，直到忍不住了才爆發、潰堤。聽到這裡，我決定向她坦承自己的想法與感受。

「在我的成長階段中，只要是朋友或同學的邀約，我幾乎都會答應。不管喜歡或不喜歡，只要有人拜託我做什麼事，我往往不懂得該如何拒絕。我確實知道自己想要的，卻不懂得拒絕自己不想要的。

「現在的我總算比較懂得拒絕別人了，也更懂得愛自己。但這完完全全是從一次又一次的事件與挫折中，累積而來的經驗。」

目前國小階段會碰到的情況都還算單純，即使產生什麼後果，如果立即介入，也都還在可控制中。因此，我和小泡芙媽最後有個共識，決定依循自然法則，讓小泡芙從實際的案例中去學習如何拒絕，也希望透過不同的事件，能讓她開始更了解自己的感受，更珍惜自己。

或許我無法從自己的經驗中，教導孩子們該如何拒絕別人而不感到愧疚。但我可以做的是，為他們準備一雙願意聆聽的耳朵，能聽他們說話、分享和訴苦，然後大家坐下來，一起動腦想解決辦法。

儘管我在這個人生課題尚未找到拆解的方法，但至少，我要讓孩子們知道，在教室中，有一位願意傾聽、願意支持、願意陪他們一起想辦法的大人在。

如果可以，我還想回到過去，對小時候的俊堯說：

聽聽你自己心中的感受。

別怕，我挺你！

與小麻雀交心（一）

——驚濤駭浪中的相遇

我手指顫抖地撥出號碼，一通一通地打給學生家長道歉，說完後閉上眼，等待著預想中的責罵……

吱吱喳喳的小麻雀

小麻雀是讓我印象非常深刻的一個孩子。會把他取名為小麻雀，是因為他的行為就如同一隻麻雀一樣，吱吱喳喳、跳來跳去的。此外，他有一個非常特別的習慣，只要遇到喜歡的老師，便會跑過去給老師一個大大的擁抱。

不過，這孩子令我印象深刻之處，當然不是吱吱喳喳或擁抱那麼簡單。

我的責罵，讓他大哭大鬧了三十分鐘

三年級剛開學的午餐時間，小麻雀吃飽後，便在教室內玩起來，調皮地在牆壁印上許多清晰的鞋印。看著自己耗費整個假日重新粉刷的白牆就這樣被毀掉，我對他大罵一頓。

遭到我突如其來的一陣吼罵，小麻雀瞬間放聲大哭，淒厲的哭泣聲伴隨著沙啞的吼叫聲，引來同學們的關心。但我太氣他的行為，便告訴所有同學不可以安慰他，給他五分鐘時間冷靜，順便讓他好好反省。

可是過了五分鐘、七分鐘、十分鐘……他的情緒卻未曾稍減，始終都一樣地大哭大吼。如此強烈且持續的情緒反應讓我不禁困惑，被罵一次竟會有如此大的情緒波動？

為了幫助他冷靜，我過去蹲在他身旁，想要解釋生氣的原因。但只要聽見「鞋印」、「牆壁」等關鍵詞，他便大聲吼叫不止，使得我只好停止跟他說理。

讓自己先冷靜一下後，我問他：「老師剛剛大聲罵你，是不是嚇到你了？」

此時的他停止吼叫，點點頭，並且哭得更加傷心。

對於剛剛向他大聲的行為，我誠懇地道歉並解釋自己生氣的原因，小麻雀終於慢慢釋懷，停止哭泣。

此時，長針已悄悄走過了半個鐘面。

第九次的嘗試，我終於猜對了！

兩個月後，到了孩子們聞之色變的期中考日。上課鐘響，我迅速發下考卷。然而，在理當只有傳遞考卷聲與鉛筆習寫聲的教室裡，卻有一股緊繃的低吼聲參雜其中。

驚覺這股聲音——「是小麻雀！」我馬上停止手邊的事情，快步地到他的座位旁，但還是晚了一步……

他趴在桌上，用力地大聲尖叫，一邊踹著前面同學的椅子。我忙著安撫他，又忙著安撫受到驚嚇的孩子們，失控的秩序讓我慌張到快掉下眼淚。所幸教務處的老師聽到尖叫聲後，立即來支援，將其他孩子移到空教室應考，只留下我與小麻雀兩人在原班教室。

我好奇地問他為什麼生氣，但不管等待多久、釋出多少善意，他始終不願意開口，只是一直哭，一直踹著椅子。

他不講話，我只好開始用猜的：「有人打你？」「前面的同學說你壞話？」「跟家人吵架？」……終於在**第九次**的嘗試中，我猜對了！

原來是坐在附近的同學剛剛嘲笑他，說他考試會考不好。

看著眼前哭到淚眼汪汪的孩子，我不禁笑了。

「你真是太可愛了！」

我告訴小麻雀，以後遇到被欺負或生氣的時候，他要跟老師說，讓我來幫忙處理，並與他打勾勾做了約定。

下課後，我遵守約定，替兩位小朋友的紛爭進行調解，讓事件落幕。

怎麼辦？我沒有方法帶他了⋯⋯

科任課時，學生們出去上課，是導師難得可以改作業或放鬆的時間。然而對我而言，那兩年的科任課卻是我神經最緊繃的時候。在教室中，我就像消防員一樣隨時警戒著，只要分機響起便是我出任務的時刻——話筒那頭若不是科任老師無奈地請我過去支援，就是小朋友慌張地叫我去幫忙。

有次科任課，我接到電話後，急忙奔去科任教室。一踏入教室，只見地上四散著打開的鉛筆盒、破碎的粉蠟筆與揉碎的繪圖紙。班上孩子們驚慌地擠在一旁的角落，而老師正抱住情緒失控的小麻雀，想盡辦法要讓他冷靜。

那天放學後，我全身無力地坐在操場旁，拿起電話，手指顫抖地撥出號碼，一通一通打給被小麻雀弄壞美勞用具的學生的家長們。除了道歉，我努力解釋小麻雀的狀況與發生的原因，以及我正在處理的方式，說完後閉上眼，等待著預想中的責罵。然而，家長們對於剛帶班的我不僅沒有任何責怪，甚至還給予許多鼓勵與加油。這樣暖心的舉動讓我更自責，打完所有電話後，就坐在操場旁，無助地哭了起來。

「怎麼辦？該怎麼辦？我沒有方法了……」

家長說：

「或許是因為老師比較沒經驗……」

看著小麻雀的狀況日益加劇，學校出手協助，約了小麻雀的家長到校當面晤談，並嘗試在會議中，說服家長帶孩子到醫院做鑑定。

由於爸爸上班，會議僅由爺爺一個人代表參加。一開始他便表示，小麻雀在家都是他在照顧，雖然比較好動，但絕對不是老師所講的那種會發飆、摔東西的孩子。不僅在家不會，低年級時也都沒有這樣的狀況。

「現在會有這樣的情形，或許是因為老師還年輕，在帶班方面比較沒經驗，所以學生沒辦法適應。」爺爺說。

聽著這段話，我好受傷。我能理解被老師請來學校，爺爺心中一定會不舒坦，也理解當孩子有狀況時，家長一定比老師還要擔心。可是我的努力，在家長面前卻只

因為年輕、沒有經驗而變得一文不值……

輔導主任急忙出聲解釋，肯定身為導師的我平日陪伴小麻雀所做出的努力。但爺爺聽了只是微微點頭，沒再說什麼。

主任請爺爺多談談小麻雀在家的情況，然而，焦點卻從孩子轉移到了大人身上。他開始向我們傾訴小麻雀父母的婚姻問題，指控媽媽的不是，認為小孩會有這樣的問題行為，全都是因為父母離婚所造成的。

「從爸媽離婚後，小麻雀就變了！他以前在家真的很乖、很可愛，現在脾氣突然變那麼大，我自己也嚇到。如果不是離婚，我的孫子不會變成這樣。」

爺爺難過地流下眼淚。

「老師，我們小麻雀真的不是特殊生，我不想要他去醫院看醫生。如果他接下來在學校又出事情，請你打給爸爸，讓他爸爸來處理。假如真的無法改善，再考慮鑑定的事情，好嗎？」

有效的方法，真的是對孩子最好的方法嗎？

幾天後，小麻雀再度情緒失控地在科任教室大鬧，又讓我丟下手中的工作，狂奔過去。老樣子，他持續對著科任老師吼叫，試圖掙脫老師，當下我心裡好受挫，想著自己花費了如此多的心思在這孩子身上，為什麼就是無法讓他改進！難道這孩子只會這樣無理取鬧嗎?!

想起爺爺說的話，我拿起手機撥電話給爸爸，接通後，硬是把手機塞到小麻雀的耳邊要他聽。原本他不曉得話筒的那端是爸爸，一把鼻涕、一把眼淚地接過手機，接著神奇的事情發生了！不到五秒鐘，他就不哭了，只聽他平靜地回答：「嗯，好，我知道了。好，拜拜。」

掛斷電話後，他有些失神地坐回位子上，安靜地把自己弄亂的桌面整理乾淨。

看著這宛如奇蹟的景象，我震驚不已，原來爸爸這麼有效！

但是後來當我明白了背後的原因，不禁困惑：這個有效的方法，真的是對孩子最好的方法嗎？

與小麻雀交心（二）

——缺少愛，讓他不安又憤怒

身為老師的我，沒辦法改變孩子的原生家庭，但我可以成為一個給他愛與溫暖的大人。

謝謝你，給老師機會真正地認識你

隔天一早，小麻雀從一進教室便對我的防備心很強。看到我，連聲早安也不說，只瞪了我一眼便直接坐到位子上。這樣的態度難免讓我覺得不受尊重。可是平時的他並不是沒有禮貌的孩子，今天對我有這樣的反應，一定是有什麼狀況。

會不會跟昨天那通我打給爸爸的電話有關呢？

當天的科任課時，小麻雀又因為一些狀況而跟著我回教室，趁著獨處的機會，我嘗試與他聊天。一開始他不怎麼想和我對話，但幸好有前幾個月的基礎，慢慢聽著我的關心，他也漸漸地卸下防備，願意開口。從線上遊戲聊到朋友相處，再說到未來的夢想……最後，我提出他心中那道禁忌的話題——家庭。

過去只要提起家裡的事情，他通常都保持沉默，然而這天，他卻選擇開口。也是透過這次談心，才讓我有機會深刻地認識這孩子。

小小的他吸收最多的，並非愛，而是大人之間的不諒解

小麻雀原本與爸爸、媽媽和弟弟過著幸福的生活。可是小學二年級時，爸媽在相處上出問題，夫妻間開始有爭吵。一開始的爭吵只是音量大聲一些，後來卻越加激烈，好幾次甚至快要動手打起來。看著心愛的爸媽在面前大聲爭吵，他著急地哭了。一開始，哭似乎

可以緩和爸媽的衝突，因為他們會暫停吵架來安慰他。

然而隨著關係惡化，爭執更加劇烈，他覺得不管自己再怎麼大哭，都不會有人願意停步來關心。

對此深感無能為力的他，選擇不再正視那火爆的場面，帶著弟弟蜷縮在角落。體貼的他壓抑著心中的害怕，摀住弟弟的耳朵，緊抱著他，安靜地等待大人的爭吵落幕。

聽小麻雀斷續地述說，我拼湊出這段情景，同時想起曾聽他二年級的導師聊起，那時每當老師生氣或是自己有情緒時，他並不像現在這樣大哭大鬧，而是躲在桌子底下不出來。

當時，我們都很困惑，不明白他為什麼會有這樣的行為反應。如今我終於懂了，**「躲起來」是這孩子的求生方式！**只有藉由逃避與躲藏，才可以避開心中的恐懼及害怕。

二下時，父母親結束了婚姻，小麻雀跟著爸爸回到爺爺家。在爺爺的家裡，經常聽到大人們對媽媽的冷嘲熱諷，說她的不好與不是。體貼的他生氣地想要為媽媽辯解，但家中卻沒有任何人與他站在同一陣線，他感到孤立無援。

不知如何是好的他無法排解自身情緒，因而選擇激烈的爆發手段，不僅是暫時舒緩內心的不舒服，更能讓人發現他的痛苦，希望以此獲得別人的關注。

升上三年級的小麻雀，內心吸收最多的並非大人給予的愛，反倒是家人對彼此的不諒解。這種矛盾的複雜情感，令他完全招架不住。

不管是媽媽、爸爸或爺爺，他深愛著所有家人。但小小年紀卻需要學會適應，不能在爺爺與爸爸面前表達想念媽媽，也要記得不跟媽媽提起家中的事情。

明明都是對家人的愛，卻必須根據不同的場合和對象，做出不一樣的表達。才小學三年級的孩子**無法找到適應的平衡點**，因此他生氣，卻常常不知道自己在氣什麼，情緒爆發地哭完之後，卻說不出為何難過。

在家中，小麻雀主要都由爺爺照顧。但爺爺也有自己的工作要處理，還必須張羅孫子的生活起居，常常忙得昏天暗地。因此一旦小麻雀有情緒時，愛孫心切的爺爺就常順著要求來滿足他。

有時要求無法被滿足，小麻雀便開始無理取鬧，甚至對爺爺爆發。無計可施的爺爺只好打電話告訴爸爸，讓爸爸下班後，回家來處罰他。

這就是為什麼小麻雀一接到爸爸的電話，就變得如此安靜。因為他非常清楚回家後，一定會被好好地教訓一頓。

只看到孩子表面的情緒與行為，卻忽視了孩子行為背後的故事

大人常常只看到孩子表面的情緒及行為，我也一樣，看著生氣鬧事的小麻雀，一心只想要讓他獲得相應的嚴厲處罰，卻忽視了孩子行為背後的故事。

孩子的問題行為值得被關注，但問題行為背後的原因，更值得我們去了解與同理。

我難過地抱抱他。這孩子在成長過程中，比班上大多數的小孩都還要辛苦，就連該獲得的愛也被切割成好多部分。

雖然身為老師的我，沒辦法改變孩子的原生家庭，但我可以成為一個能夠給他愛與溫暖的大人。就算只能彌補一點點他心中的裂縫，我也想要幫助這個孩子，讓他能公平地在一個有溫暖與愛的環境下學習、長大。

與小麻雀交心（三）

——我想成為了解孩子的大人

這個擁抱雖然平凡，但對我而言，卻是多麼重大的肯定與認同！
從那一刻起，我終於走進這孩子的心，能夠與他交心。

一年多的陪伴、溝通與真誠，換得真心的擁抱

找到與小麻雀相處的平衡之後，他的情況逐漸穩定下來，雖然偶爾仍有情緒狀況，但不若以往那樣令我戰戰兢兢。

隨著師生倆關係越來越好，我們的對話內容不再只是為了幫他解決紛爭，偶爾，我還會與他分享上課的心情。聽著我因為學生不乖而沮喪，充滿正義感的他，會幫著出主意來面對令我生氣的同學——回想起來真覺得很好笑，那時最會惹我生氣的就是他，竟然還幫我出主意來管別人！

有天，他從一早便喜孜孜地笑不停，不僅主動幫忙發作業，早自習時還乖乖坐在位子上看書。這些反常的舉動卻讓我很不安，很擔心是大爆炸前的迴光返照。

下課時，我將小麻雀找到身旁，好奇地問他發生了什麼事情。他笑容滿面地表示：「老師，下禮拜四是我的生日，一想到可以拿禮物和吃蛋糕，我就好開心！」

幾天下來，小麻雀都維持著這種幸福的狀態，不停地猜測家人會給他什麼驚喜，並努力地克制自己，保持著乖寶寶的天使模式。

禮拜四終於到了。放學時，他第一個跑去排路隊，臨走前特別對我說：「老師，我明天跟你分享獲得什麼禮物！」

隔天，小麻雀照樣一早就到校。我一遇到他便興奮地問：「昨天收到什麼禮物呢？讓老師猜猜看，是遊戲卡？還是強力磁鐵？啊！該不會是玩具汽車？」他卻只是呆站著，沒有回應。

我感到奇怪，問他：「發生什麼事情了嗎？」

沒想到這個問題瞬間啟動他的眼淚開關，豆大的淚珠開始一顆顆掉落。

「爺爺他們都不記得我的生日！我明明都有提醒，他們卻還是忘記……」

我的心跟著揪了一下，為他心疼，並安慰他說：「大人有時候會因為工作忙碌而忘記小朋友的生日，就像我爸媽有時候也會忘記我的生日。爺爺是很愛你的，你看他每天都帶你去買豐盛的早餐，文具用品也都幫你準備得那麼齊全。」

「可是除了媽媽以外，沒有其他人記得我的生日。」

「真的都沒有其他大人記得嗎？」

「嗯，一個都沒有。」

我們沉默了十秒，接著我緩緩開口說：「可是，老師記得喔！」我從身後拿出一顆全新的躲避球。「這是老師幫你準備的禮物，祝你生日快樂！」

「謝謝老師！」小麻雀又驚又喜地邊笑邊掉淚，跨步向前給我一個大大的擁抱。

我也抱著他，再告訴他一次：「生日快樂！一定要健康、平安地長大！」

這個擁抱，在我心中占了好重要的地位，因為這是他第一次主動抱我。

或許有人會認為我送小麻雀禮物的行為是在收買孩子，這個擁抱是透過禮物換來的。沒錯，這個擁抱確實是換來的，只是並非用禮物這麼表面的物品所換得。

這一個擁抱雖然平凡，但對我而言，卻是一份多麼重大的肯定與認同！因為這是我用一年多來的陪伴、溝通與真心所換得的。從那一刻起，我終於走進這孩子的心，能夠與這孩子交心。

我期許自己，能成為那個了解孩子的大人

與小麻雀相處兩年後，送他平安地升上了高年級。這兩年來，不管是情緒、人際或課業表現，他都進步非常多，並且也逐漸適應了家庭之間的平衡點。

吱吱喳喳的小麻雀可說是老天爺給身為新手教師的我的一份超級大禮。這份禮物讓我明白，「家庭」真的是支持一個孩子最大的動力來源。也提醒了我，**在未來的教職生涯中，一定還會遇到許許多多的「小麻雀」，我千萬不能忘記當初自己所願意花費的心思，以及努力去了解一個孩子的這份真心。**

每一個孩子都在等待一位懂他的大人。身為老師的我們，也一定期許著自己能成為那個了解孩子的大人。雖然過程無比艱辛，但我願竭盡所能地為我的每一位學生嘗試。

走在熱鬧的校園內，躲避球場上常出現一個熟悉的身影，略顯深色的皮膚、高瘦的體格，認真地與朋友對戰著。那是小麻雀，卻不是我印象裡中年級的小麻雀，他變了，變得更高、更帥，更受同學們喜愛。

不變的是，他一看到我總是開心地大喊一聲：「老師！」放下手中的躲避球，跑過來給我一個「大大的擁抱」。

渴望幸福的小白兔

——一項無可迴避的生命課題

一個小孩，竟然得承受是否被父母疼愛的疑惑，平時卻又要表現得這麼堅強。

接受家人的愛與陪伴，是孩子應有的權利

小白兔是班上一個人見人愛的小女生，人際關係很好，對師長也非常有禮貌。但是我中年級剛接班時，低年級導師向我交代，她對「家庭」或「媽媽」這類關鍵詞比較敏感，甚至可能會難過地大哭，請我多加留意。

不過，開學過了好久，我只覺得小白兔是個體貼的小孩，情緒沒有任何不對勁之處，在校也不會讓人擔心。她始終保持一貫的天真、開朗，笑臉迎人。

然而我也明白，這孩子心裡真的有個難處，因為開學沒多久，便接到她爸爸打電話來。他和小白兔的母親正鬧得相當不愉快，小白兔目前是由爸爸照顧。

從通話裡及小白兔的敘述中，大約勾勒出爸爸是個認真、踏實的人，為了女兒努力工作，也希望給予孩子足夠的愛來彌補缺乏的部分。但由於工作時間長，壓縮了親子相處時間，常常當他下班回家，女兒已進入夢鄉，所以特別拜託我若孩子在學校有什麼狀況，一定要跟他反映，他想要更了解孩子的心情。

看得出來，爸爸真的非常努力在照顧孩子，非常關心她，聯絡簿簽名及老師交代要帶的東西，一次都沒有遺漏過。我想起開學時曾發下一張自我介紹的學習單，有個欄位是「我心目中最重要的人」，小白兔在欄位中寫下：「我最親愛的爸爸」。而小白兔也很努力，懂事地不讓父親多操心。

可是，接受家人所給予的愛與陪伴是孩子應有的權利。小白兔的**過度體貼**，看在我眼裡，只覺得不捨。

她哭著問：「我媽媽真的愛我嗎？」

轉眼過了一年多，小白兔在班上一直沒有太大的情緒狀況，還曾在課堂中分享與爸媽出遊的愉快經驗，逗得全班哈哈大笑。

對此，在一旁觀察的我，心中產生兩種想法：第一種是小白兔是非常堅強的孩子，隨著時間過去，她已經能好好地自我調適來面對家裡的情況，甚至可以自在地與同學們分享；另一種則是希望透過分享故事，讓大家知道她也有愛她的爸爸和媽媽，來隱瞞難過的真相。那麼，是哪一種呢？

原本我以為是孩子漸漸長大了，她心中的傷口或許已經開始癒合。然而，一天下午快放學時，兩個小女生悄悄來向我報告：「老師，小白兔今天早上在廁所裡大哭得好傷心……」

看她一整天都表現得很正常呀，怎麼會突然大哭？

隔天，我特別找個機會將小白兔留在教室，與我獨處。我問她：「老師聽說你昨

天在廁所裡哭？」

看她點點頭，我接著問：「能告訴老師原因嗎？」

她並未馬上開口，反而思考了一下後，先反問我：「老師，你能答應我，不跟爸爸說嗎？」

在得到我的保證後，她瞬間嚎啕大哭起來，邊哭邊說：「老師，我真的好想媽媽！我實在忍不住了，才跑去廁所哭的……」

沒想到小白兔這次的潰堤，是因為音樂課時，老師為了配合母親節的活動，請全班一起練習一首與媽媽有關的歌曲。同學們都認真投入在唱歌，小白兔原本也是，只是溫暖的旋律加上溫馨的歌詞，讓她心中長久以來對於媽媽的思念一下子激湧而出，一向堅強的她再也承受不住這股情緒，跑到廁所大哭一場。

「老師，我好想念我媽媽……我媽媽真的愛我嗎？」

這句話從一個十歲的孩子口中說出，頓時讓我紅了眼眶。我告訴小白兔：「你是爸爸媽媽的孩子，他們一定很愛很愛你的！」

「可是有一次，爸爸跟我說，媽媽在和他吵架之後，說她不愛我們了！後來我都沒有再見過媽媽，我好想念她……」她淚流不止。

我心中滿滿的捨不得。一個小孩，竟然得承受是否被父母疼愛的疑惑，平時卻又要表現得這麼堅強。

然而即使如此，這仍是小白兔必須面對的生命課題。

於是我對她說：「老師真的覺得你是個很堅強的孩子。其實從一開始，我就知道你的家庭狀況，以及你心中受傷的地方。可是你真的隱藏得很好，好到讓我天真地以為你已經調適完整了。現在聽到你內心的真實想法與恐懼，真的讓老師很不捨，也很難過。

「爸爸媽媽的感情狀況，是他們之間要處理的難題。他們的關係未來會變成怎麼樣，誰也無法確定。但老師一定要再次跟你說，不管是爸爸還是媽媽，他們一定都是非常愛你的！就算現在他們沒有在一起，你也永遠都是他們的寶貝。」

幸福是與爸爸、媽媽，
過著簡單、平凡的生活就好……

有次上課時，我問同學們：「你認為什麼是幸福？」並傳下一個小白板，請他們拿到時，匿名寫上回答。

大多數答案像是：幸福就是要擁有許多財富、幸福就是要長命百歲……但其中唯獨有一句話：

「幸福就是與爸爸、媽媽，過著簡單、平凡的生活就好。」

原來，幸福是這麼容易，卻也這麼得來不易。

三、我的後母班

與後母班初相遇

——短短一年的導師緣

我要證明這班孩子不像其他人說的那樣糟糕，

我要撕下他們身上的標籤。

我要用一年的時間來證明，大家全都錯了。

中途接下的導師班

再過兩天就是結業式了。眼看著即將送帶了兩年的孩子們升上高年級，沉溺在不捨之中的我，突然被找去校長室。

到底是有什麼事情呢？

我七上八下地想，總不會是期末檢討吧……

不過，這天的校長特別親切與溫柔，和藹地對我說：「俊堯，校長養兵千日，用在一時，今天正是使用你的時機到了！」

聽到這裡，我心裡便十分肯定，「看來這次我完蛋了……」

就這樣，在校長的「期許」下，我接下了一個帶班挑戰，要中途接下讓許多老師避之唯恐不聞不碰不經過的六年級某班導師（俗稱「後母班」）。學生個性火爆、不友善、上課沒秩序、愛頂撞師長、蹺課、欺負同學、難以管教——以上這些都是形容同一個班級。

因此在開學前，其他老師遇到我時，便會前來關心我，跟我說句：「辛苦了，要加油喔！」

還有老師特別來對我說：「俊堯，你還好嗎？有需要幫忙，都可以打去學務處或輔導室喔！」

才見面幾分鐘，我就要給他們貼標籤了嗎？

返校日當天，我帶著我的舊班級到高年級的新班級去，一班一班地與孩子們做簡單的別離，提醒他們要對老師有禮貌，送他們進入新教室，跟未來的高年級導師打招呼。接著便快步地走向自己未來一年的新班級，也是我人生帶的第一個畢業班。

見有老師進教室，全班仍鬧哄哄的，有半數學生在聊天，即使我走到講台前，他們也絲毫沒有要暫停的意思。因此我乾脆就坐在講台前的椅子上，不出聲，等待著。

直到大約三分鐘後，他們才終於全部安靜下來，望向台上的我，不知道我到底要做什麼。

我起身在黑板上慢慢地寫下自己的名字，向孩子們介紹，自己是他們未來一年的導師。

這時，突然有孩子問：「上一個班導呢？」

底下瞬間傳來此起彼落的回應：

「她被我們氣走了啦！」

「她帶不下去了！」

「她不要我們了！」

當然也有正確的答案：「老師是生病才請假的。」可是這句話的音量，完完全全被其他激動的回答所覆蓋。

一個男生振振有詞地說：「我們就是可憐啦！六年級還在換班導。」旁邊的幾個男生也跟著自我揶揄地說：「我們好可憐喔……」

全班哄堂大笑，底下有人開始聊天，甚至有人直接離開座位去丟垃圾。安靜的狀態只維持一分多鐘，就重新回到原本鬧哄哄的樣子。

站在台上，聽著底下七嘴八舌、滿是譏諷和自嘲的發言，同時看著眼前這群孩子，我心想未來這一年，不知道自己撐不撐得住，如果是這樣的班級狀態，前一位老師還能帶滿一年，真的是讓人欽佩萬分，他們果然是一班爛——

等等！**我現在就要貼標籤了嗎？**

我在心中盤問著自己：「才幾分鐘的時間，我就要確定未來這個班，是一群糟糕的孩子所組成的班級了嗎？」

這次換老師，最大的受害者是我?!

給自己幾秒鐘冷靜一下後，我決定將自己真正的內心話告訴他們。

「你們知道這次換老師，最大的受害者是誰嗎？」我問他們。

或許是這個突兀的問題太出乎意料，全班突然安靜了。

有個女生不確定地看著我，回答：「是前班導？」我搖搖頭。

旁邊的男生舉手回答說：「是……我們班？」我也搖搖頭。

孩子們瞬間困惑起來，嘰嘰喳喳地小聲討論。

我看著他們，語氣堅決地說：

「這次換老師，最大的受害者就是——我。

「我在中年級教了兩年，能備課的課程都已經做好了，並且班級布置做得很可愛，教室空間很大。重點是不用搬教室，更不用暑假時，一個人辛苦地來這裡清灰塵。

「我才是那個最大的受害者。但是，我來了。並不是因為校長逼迫我，而是我聽說你們很壞、很不禮貌，上課時會嗆老師、頂撞老師。」

這一段話，讓整個班級全然地靜默下來。但並不是因為他們同意或同理我的遭遇與處境，而是因為我的話讓他們真的受傷了。

伴隨著我的指控，孩子們雖然沉默，但是我卻從他們的眼神中感受到無比的失落。彷彿在思考著，這位老師認為他自己才是最委屈的，這位老師知道我們很壞、很不禮貌……可是他卻是我們的班導。

孩子們有的看看旁邊，有的別過頭去，有的則是一副無所謂的樣子望著我。他們都在等待著，等待台上的這個老師會繼續說什麼話來檢討他們或數落他們。

「聽說你們很壞、很不禮貌，所以我答應校長來到這班，用一年的時間，證明一件事情——

「我要用一年的時間來證明，大家全都錯了。」

聽到這句話，孩子們紛紛注視著我，原本防備的眼神變得柔和。

我接著說：

「我要證明你們不像其他人所說的那樣糟糕與不禮貌。我要撕下你們身上的標籤，所以我來了。但你們確實有地方要改，所以我們要一同配合，讓班級更穩定、更聽話。我們一起努力，去向大家證明：我們才是對的！

「我，是你們未來一年的班導黃俊堯。請大家多多指教。」

我希望透過改變，讓我們這班有不一樣的可能

明知這些話會讓他們受傷，為何我還是要講？

我們班的這群孩子，在過去一年當中的許多行為，確實造成很多老師的困擾，也讓許多老師在教學上感到萬分挫折。返校日這天，也是我們相見的第一天，我希望能從第一天開始，帶著孩子們建立一種新的態度，而不是用過去的態度來面對國小階段最後一年的人生。

在這樣一個令人避之唯恐不及的班上，仍然有善良的孩子，儘管他們並不喜歡這樣的班級氛圍，但可惜的是，在這樣的風氣促使下，他們不敢表達反對，只能默然

接受，順從班上大部分的人。

因此，我希望我能帶來改變，不只是改變一、兩個學生，而是改變一整班的風氣。希望我的這段話能帶著班上的孩子們一起改變，**透過改變，去成為一個不一樣的班級，讓他們自己有不一樣的可能。**

新手「老師」小凱的煩惱

——我和學生交換身分

「老師」無力地向我求助，
卻發現當「學生」的我玩得不亦樂乎，
還轉過頭跟同學聊天、傳紙條、看小說，不理睬他。

新手「老師」的挑戰

當老師真簡單，只要上課、改作業，把課本中的知識傳授給學生，學生不乖就罵……這樣容易的工作，不管誰來做，都一定能駕輕就熟吧？

帶了這一班不久，我發現孩子們上課時不是很吵鬧地在聊天，就是整節課與老師沒有任何互動。一天又一天，台上的老師越教越沒有動力，從開學時願意為學生設計活動，到後來只願意照本宣科地唸著課文內容。

看著如此的學習氛圍，我好想改變！

可是每當與孩子們探討正確的學習態度時，收到的總是抱怨：「老師上課太無聊」、「這堂課，考試又不會考」、「這些我都已經會了，為何要聽？」

尤其是小凱，上課時，他總是舉手回答與題目無關的內容，打亂課堂節奏，或是跟鄰座同學聊天，甚至直接把小說放在桌上看，完全不將老師放在眼裡。

我問他：「你認為當老師簡單嗎？」

「簡單啊！只要把課本的東西教一教就好。」他一臉理所當然地回答。

「如果學生不聽話怎麼辦？」我好奇地問。

他說：「凶他啊！叫生教組長來，不然通知家長啊！」

我腦中靈光一閃，心想，或許有方法了。

兩天後，小凱和我一起站上講台。

我向全班介紹，這堂課由小凱擔任老師，我則當學生與大家一同學習。同學們都興奮地掌聲鼓勵。

生氣又沮喪的老師，與氣憤難平的班級

這節課正好是小凱最拿手的數學，台上的他意氣風發地打開課本，開始上課。由於他認為課本的所有題目都是最基礎的，所以不到十分鐘，兩頁的課本內容被他教完了。他很滿意自己進度飛快的表現，驕傲地看向台下的我，問：「我上完了。接下來呢？」

我反問：「小凱老師，這堂還有二十幾分鐘才下課，你認為該怎麼辦？」

於是，他繼續教接下來的進度。但或許是新鮮感沒了，同學們開始不專心，有些人發呆，有些人聊天。看著這些狀況，小凱氣急敗壞地吼著大家：「閉嘴啦！講什麼話啊！」要大家專心聽他上課，但學生們反而更加躁動。

他無力地看向我，希望從我這裡得到一些火力支援，卻發現我也正玩得不亦樂乎，轉過頭與後面的同學聊天、傳紙條，然後沉浸在小說世界中。他氣憤地走過來警告我，提醒我違規的事項。我不以為然地回說：「可是你教的內容，我早就會了。不信你發考卷給我寫，我考一百分給你看！」

眼看對我沒轍，小凱只好將目標轉移到其他問題上。看著騷動無比的教室，他走到黑板前，出了自己準備的習題，但不到一分鐘便馬上指名同學上台解題。被點到的同學一句「老師，我不會」，接著第二個、第三個……收到的是一句又一句的「我不會」。

他正式爆炸了！先是對著全班罵：「連這種簡單的題目都不會，你們要怎麼考試，太可笑了吧！」接著繼續述說對大家的表現不滿，「你們一直分心、聊天、不尊重人，還不會算題目，這一班真是糟透了！」

底下的孩子被這樣一罵，也開口槓上：「你才爛，根本不會教！」「對啊！對啊！爛老師！」

小凱初試啼聲的第一堂課到此結束，留下了生氣又沮喪的老師與氣憤難平的班級。

在教與學之間，達成平衡

下課後，我和小凱討論這次教學的心得。他紅著眼眶抱怨，大家的冷漠和充耳不聞讓他很挫折，這樣的班級實在是太糟糕了！

我點點頭，汗顏自己也有份。但我也讚賞他的數學觀念十分清楚，又非常用心地自己準備習題，讓大家練習。

「你覺得當老師簡單嗎？」同樣的問題，我又問一次，只是這次小凱沒有回答。

我繼續說：「你認為今天的課堂氣氛糟糕透了，但按照你以前的說法，是老師沒有能力把學生管好，學生才聊天、看漫畫、傳紙條，甚至不理會老師。這全都是老師的錯，怎麼可以怪學生呢？小凱，你認同嗎？」

小凱看著我，搖搖頭說：「學生也應該要做好自己的本分。」

「可是平常的你就是在看漫畫、聊天。有了這一次那麼難得的教學經驗，相信未來你更能同理站在台上的滋味。」

後來，我帶著全班思考：「如果你是小凱老師，你擁有選擇的權利，下次你還願意來這個班級上課嗎？」班上多數的孩子都搖搖頭。

當老師真簡單，是嗎？如果只是把課本的東西教完，那當老師並不難。可是除了課本內容，老師還要將內容轉化成學生可以吸收的方式，並營造適合的學習氛圍。一堂課當中，老師與學生都同等重要。當老師願意付出自己的熱忱，帶著更多的內容給孩子，卻換來不領情與冷漠，這份熱忱很快會熄滅，那時，或許就只剩下照本宣科的課本內容。

唯有互相尊重，才能在教與學之間，達成和諧的平衡。

班級老大小葉子

——從「心」看見孩子的亮點

原本滿出來的教學熱忱，在那些日子幾乎消失殆盡。

我不知道對於這樣的學生，

為什麼還需要努力去帶起改變……

放棄的掙扎

身為老師，我們不能放棄任何一個孩子。但有沒有某些時刻，看著眼前的孩子，你在心中深深地問自己：要不要到此放棄，從今以後，他走他的陽關道，我過我的獨木橋？

他嗆我：「我不要！反正你們講的都一樣。」

在實際帶這班之前，我就收到許多提醒說，班上有個學生小葉子會一再地挑戰老師的底線，是頭痛人物。從大聲斥責、抄課文到打電話找生教組長、再帶回來找班導師，還有寫聯絡簿、通知家長等，老師們用上了各種嚇阻招式都沒有用，因為他早已習慣了，並不害怕。也因此剛帶到他時，確實讓我感到十分挫折。

從一開始，便明顯感受到小葉子對我這個陌生導師的防備心。由於觀察到他有些影響課堂的行為，我試著找機會想與他單獨談話，他卻瞪我一眼，嗆說：「我不要！反正你們講的都一樣。」便走出教室。

這是我第一次被學生直接拒絕談話，心中頗失落，但也清楚感覺到他心裡那道滿滿敵意的高牆。

好在老天爺沒有放棄我。我觀察到小葉子下課時，常和同學們去籃球場打球，非得打到上課鐘響那一刻才願意回教室，因此有天，我直接穿著球褲和球鞋到校，決

心讓孩子們體驗SBL與NBA的等級差距。幾節下課，我都與他們一同到球場打球，直到鐘響，才帶著渾身汗臭味奔回教室上課。

經過兩週的努力，我漸漸地融入了男生們。除了打球，有其他機會出現時，也一定把握不放，只希望拉近與孩子們之間的距離。而對於小葉子，我不再刻意找他溝通，只是透過打球後回教室的路上或是打掃的空檔，閒聊幾句。

一開始，他仍充滿心防，我走過去才開口說「我覺得啊……」，他便馬上拾起武裝，從原本的笑臉迎人轉成嚴厲地盯著我，彷彿透露著想法——**看你們這些老師，又要對我說什麼教了。**

我沒理會他的反應，自顧自地說：「我覺得剛剛你運球的時候，持球時間太久了，這樣容易被包夾而失誤。」他困惑地看著我。接著我聊起球鞋，並稱讚他中距離投籃很準，可以多練習來提高把握度，講完便離開。

此外，我讓小葉子管秩序、督導掃地工作。結果秩序被他管得一塌糊塗，因為他總是忍不住先講話的那個。可是在督導掃地工作方面，他真的做得超級好！一方面因為他是個愛乾淨的孩子，從他把抽屜收納得相當整齊便可看出；另一方面是儼然「班老大」的他叫同學重掃，誰敢說不？

他們把一年的時光交在我手中，我怎能犧牲掉他們的人生？

眼見班級氣氛與學習狀況越來越上軌道，小葉子和我的關係也越來越好，鮮少出現失控的行為。我不禁疑惑：這個愛乾淨、有正義感的小孩，真是其他老師口中的那號頭痛人物嗎？

在此時，卻發生一件造成我們關係大翻盤的事件，使我幾乎要放棄這孩子——

午餐時間，我正忙著打菜時，突然聽到一句髒話，緊接著是好幾聲驚叫。一回頭只見小葉子站在鄰座同學面前瞪著他，而那個同學動也不動地呆坐著，低頭望了一眼被灑滿飯菜的身子，開始啜泣。

剛剛兩人不是還有說有笑？到底是什麼事情讓他瞬間變臉，還把飯菜灑得同學滿身？

「他先弄我的！」小葉子瞪著我說。

又來了！只要因為生氣而做出脫序行為，他都把過錯怪罪在別人身上！

我冷冷地問他：「是不是生氣就能做這種事？是不是只要你生氣，想怎樣都可以？」

他瞥我一眼，冷回：「對！不行嗎？」

我走向前去，生氣地掀翻他的桌子。這段師生關係正式宣告決裂。

小葉子又變回剛開學的那個他：上課公然講話、傳紙條；午休時間隨意走動；打掃時蹺班；違反規定，在走廊上運球；頂撞師長……我卻再也不想管。

原本滿出來的教學熱忱，在那些日子幾乎消失殆盡。我不知道對於這樣的學生，為什麼還需要努力去帶起改變。但是看著班上的情況越來越糟，自己內心也一天比一天沮喪。

直到一個學生來找我，他是小葉子在班上的好朋友。才十多歲的他語重心長地問我：

「老師，難道你要放棄我們班了嗎？還有，你真的要放棄小葉子嗎？」

這句話如雷貫耳。

「我真的要放棄了嗎?!」

這群孩子可是把國小的最後一年交付在我手中，怎能就這樣犧牲掉他們的人生？我不可以放棄，就算是對小葉子，我也不會放棄。

重拾信念的我，也重新看見孩子的亮點

我又重新振作起來。第一件事就是去找小葉子，真心地為那天的衝動行為向他道歉。收到老師的道歉，他的態度明顯變得和緩，接著我開始一一細數從他身上觀察到的優點。

「對朋友重情重義、路見不平的俠客精神，以及能帶領別人的領導魅力，這些都是你與眾不同的優點。然而，今天卻可能因為一時衝動，而造成這麼棒的優點被埋沒，就像老師所做的事情一樣。你不認為我們都有點太衝動了嗎？」

小葉子看著我笑了一下，點點頭。

身為教育工作者，「絕不放棄任何孩子」是我們心中的一個信念。但是現實裡，必定會碰到許多個案來挑戰，一旦信念被打破，不僅老師喪失教學熱忱，更可能造成一個孩子的亮點被掩藏。就像我曾經全然地放棄小葉子，不管他的行為舉止多麼荒唐，只要自己還教得下去，便不想理會他。這一來**不僅忽略了他的問題行為，連同他本身的亮點，我也看不見了。**

和小葉子恢復交流後，我常常向他「請益」。對於接手這個班級僅一個多月的我來說，他可說是我的「大學長」。看著許多孩子的相處，甚至是學生與科任老師之間的衝突，我會私底下找他討論：「為什麼他們兩個這麼不和啊？」「他們最近是不是在吵架？」「剛剛科任課回來，我看到○○好像心情不好？」……這才發現他有個厲害的長處。

他當風紀股長，會私心地把不喜歡的人記上一筆；當衛生股長，會受不了誘惑而跑去玩，這樣的表現實在讓人難以託付責任。然而，請教他人際互動方面的問題，他不僅侃侃而談，甚至會當起和事佬，為同學們排解紛爭。

原來比起其他股長，小葉子更適合當的是——「里長伯」呀！

改變大挑戰
——教育存在著改變的無限可能

班級的向心力開始凝聚了，這扇原本被破壞得殘破不堪的窗戶，正藉由大家的力量，一點一點地補回。

身為導師的我，卻是班上的「邊緣人」

我當導師帶的第一個六年級畢業班，是中途接手的「後母班」。他們五年級時，學校為了這班，在一年內開了許多次科級任老師的綜合會議。別說教他們了，有很多老師甚至連提到都不想。

第一天戰戰兢兢地站到這班學生面前時，我心裡其實有個遠大的理想：我要帶起改變，讓他們成為不一樣的班級。

只不過在現實的高牆前，純粹的理想不堪一擊。開學不久，我便看出這班孩子有兩大狀況：不尊重老師，並且缺乏向心力。

然而，在處理這些問題之前，我還面臨一個更大的困難——我是個「外人」。對於這班孩子而言，他們是從五年級開始相處長達一年的同學，互相熟悉性格和喜好。下課時間一到，班上自然集結成不同的小團體，打球的、聊天的，教室裡瞬間只剩下我和一、兩個孩子，一股格格不入的感覺油然而生。在上課期間，我是他們的老師；然而一下課，我卻像是陌生人般的存在。

該怎麼辦？

下課通常是導師改作業的時候，但為了融入班上，我決定壓縮自己的時間，利用下課時，主動找教室裡的同學聊天。不管話題對我來說多陌生，我都硬湊上去尬聊，邊聽他們講得頭頭是道，我在一旁偷偷上網查詢，才能努力跟上他們的談話。看到有人在玩什麼好像很開心，也湊過去跟著說：「哇！這看起來好抒壓～」儘管絲毫不明白黏滑柔軟的史萊姆哪裡好玩。

又過了幾天，我進階到下樓和男生們打籃球。

無論多麼不熟悉，我都試著去了解這群孩子在玩什麼、聊什麼，還有誰跟誰一起玩，誰又和誰鬧不和……

兩個禮拜之後，總算感覺到開始被孩子們接受，在這個班上，我有了歸屬感。

但融入他們只是第一步。從現在起，我的「改變大挑戰」終於可以正式啟動。

讓互相幫助變成一種習慣，由外在動機轉為內在動機

第一個需要改變的，便是他們上課時完全不尊重老師，上課聊天、自由走動、傳紙條、亂丟垃圾、不寫功課、視老師如空氣、隨意頂撞、不服管教……

有天，講台上的我看著台下又出現荒唐的行徑，實在感到心力交瘁。我停下課程，再次向他們述說想撕下他們身上的標籤、想改變這個班級的理想——然而，最

重要的「主角們」卻不配合。

「心理學家在社區內發現一個有趣的現象，一處社區公寓中，如果有一戶的窗戶被人砸破，放著不修補，很快地，其他戶的窗戶也會接連被砸破。但如果被砸破的窗戶很快地補好，其他窗戶被破壞的機率就大幅下降。」我從這個例子切入，問他們：「當許多間公寓的窗戶都被破壞，這個社區容易被評比成不好的社區，房價也會隨之下跌。而一個班上出現不尊重的行為，就像一扇窗戶被破壞掉，若任由這些行為發生，請問整個班級會變成怎麼樣？大家會怎麼看待你們？」

我告訴他們：「破壞窗戶的石頭，其實就握在你們的手上。要選擇破壞、還是選擇保護這個班級，就看你們怎麼決定。」

窗戶的例子，其實也與全班的向心力大有關係。班上的向心力弱到什麼地步呢？我甚至跟別人開玩笑說：「我們班唯一團結的時候，就是上課各自聊天干擾秩序時。」

對於群體事務，班上孩子從沒有人想要主動幫忙。只要遇到班級的共同事項，他們那股事不關己的漠然態度，總讓我感到特別心冷。

我在班上原本有個「集點卡」的鼓勵方式，孩子課業表現好或是行為優秀，便會獲得集點卡。但是當集點卡配上缺乏向心力的班級，我發現，只是造就出一個個只顧自己、忘記群體的孩子。

於是，第二套獎勵制度「集彈珠」登場。

我拿出一袋彈珠與一個空瓶子，說明：「只要把彈珠集滿，就能得到老師給全班的大獎勵！」

一天，見到有個孩子把地上的垃圾撿去丟，我馬上大力稱讚：「這個細心的舉動能讓我們班變得更好，因此剛剛他的行為能幫全班加一顆彈珠！」

從這一刻起，班上同學都開始願意合作及幫忙，上課時的秩序也慢慢地改善了。

除了由老師加彈珠之外，有時我也請他們親手來加彈珠。將彈珠放進桶子的那瞬間，伴隨著台下的歡呼聲，可以感受到台上的孩子也為自己能對班上有貢獻而開心。

而漸漸地，我發現**互相幫助變成他們的一種習慣，由外在動機轉而成為內在動機，班級的向心力也開始凝聚了。**這扇原本被破壞得殘破不堪的窗戶，正藉由大家的力量，一點一點地補回。

嘗試、失敗與修正，終於找到相處的平衡點

許多人一聽到後母班便感到害怕，甚至抗拒。一開始，我的確也存在著這股偏見，實際與他們相處後卻意外地發現，他們並非當初我所聽聞的那樣讓人頭痛不已、冷汗直流。這群孩子帶給我很多珍貴的回憶。

教育存在著改變的無限可能。帶這一班，我並非一天就找到與他們共處的方法，是**透過一次又一次地嘗試、失敗與修正，才終於在幾個月後找到相處上的平衡點**。我想透過在孩子們心裡種下尊重與禮貌，進而打破所有人對這個班級的偏見。

如此也才能**讓孩子們相信，自己可以是好學生，我們可以是一個好班級**。

四分之三個學期的魔法

——真正的魔法是「看重自己」

離別的這一刻，我請孩子們仔細地看看自己：

你們不是大家想像的那些壞學生。

你們是一群很棒、很棒的孩子。

四分之三個學期的相處，孩子們對我有感情嗎？

臨危受命接下了六年級的導師班，原本想用一年的時間，跟孩子們好好建立感情，卻被新冠肺炎打亂一切。

五月時，台北市宣布停課一個禮拜，當時我還跟孩子們一起歡呼：「放假啦！」

沒想到竟然一直停課到學生們畢業，我們從此沒有再實體相見過。無論上課、聊天，甚至是畢業時的道別，跟孩子們都只能透過螢幕見面。

我與我的這一班只相處四分之三個學期，便結束了。

好多人問過我：「這麼短暫的帶班時間，又是後母班，你會有感情嗎？」

當然有。雖然只有四分之三個學期，但與他們從初相遇的尷尬、違和，到最後能一起感受到班級團體的歸屬，期間的珍貴回憶，帶給我好多說不出的感動。

但是，這麼短暫的相處時間，後來甚至只在線上進行，**這些孩子對我會有感情嗎？**

一想到這個問題，我突然退縮了。

我們一起把心中的標籤撕掉，

為自己貼上嶄新的標籤！

學期末時，我舉辦了一場班上的線上小畢典，鼓起勇氣與他們分享自己珍藏的回憶，並且告訴他們：「記得老師剛帶班的時候，對你們說我要花一年的時間，證明

大家都看錯你們了。如今一年到了，是時候來檢核我當初誇下的海口。」

孩子們的屏息，彷彿隔著螢幕傳到我心中。

「我無法證明那些老師當初錯了——」

聽了我的回答，孩子們看起來失望極了。沒想到連我也那樣看他們。

「一年多前的班級狀況，你們與所有老師的關係可說是壞到極點，多次的師生衝突讓你們和老師都受傷了。從這樣的狀況，我實在無法證明老師們當初的想法是錯的。」

此時，我用肯定的眼神一一看著我的孩子們。

「然而，一年後的今天，你們早已不是大家聞風喪膽的班級，早已不是一直被學務處廣播的班級。你們的進步，大家有目共睹。不只我感受到了，科任老師們、主任和校長都非常肯定你們的改變。這些改變與進步是大家共同努力得來的。」

帶這一班，給了我好深刻的感觸。可怕的不是這些孩子的種種問題行為，最可怕的是，他們自己在內心貼上「我們就是一群壞學生」的標籤。這些標籤來自五年級那年與老師們之間種種衝突的結果。

或許有人會想：老師怎麼可以那麼可惡地貼他們標籤！其實自始至終都沒有老師

這麼做，**那張標籤，是孩子們自己幫自己貼上去的。**

國小高年級的他們是小大人了，對於人際相處、情緒覺察已十分熟悉。一次次與老師起衝突，看著老師生氣、難過、沮喪又無助的樣子，師生關係緊繃……孩子難道不會在自己心中，貼上一道「我們是不好的班級」的標籤嗎？

但一次次的讚許、鼓勵與檢討之下，他們的問題行為有了改善，班級風氣也改變了。我試著把他們心中的那道標籤撕掉，重新貼上一道嶄新的標籤。

「帶完你們的這一年，我只能肯定有一個人錯了。有一位老師在一年前踏進這個班，站在講台上的他告訴你們，換班導師最大的受害者不是別人，而是他自己。

「如今過了一年，我非常篤定那位老師錯了。因為他對於能夠帶到你們，跟你們相處這一年，真的感到很開心。」

讓我驚喜的是，想不到他們竟然瞞著我，偷偷製作了一支謝師影片，每個人都說了一段話送給我。我的淚水再也止不住。我真的把他們帶畢業了……

最後，我送給孩子們這一段話：

「在離別的時候，除了珍重再見，我要請你們仔細地看看自己：一年前那個人見人怕的班級，如今已不存在了。

「你們不是大家想像的那些壞學生。你們是一群很棒、很棒的孩子。」

四、所有方法都是好方法，卻不一定適用於**每個孩子**

一個老師的快樂

——如此平凡又簡單，卻無可取代

上課四十分鐘，讓我找回當老師的喜悅；
下課十分鐘，則讓我重溫當初想成為老師的那股傻勁……

我的第一屆學生，
給了我成為老師的自信心

剛從學校畢業的我帶著滿腹教育熱忱，經過教師檢定與教師甄試的考驗，終於如願當上老師。但初任教師的第一年，年輕又年資淺的我被安排做行政，擔任組長一職。

那段時期，比起教書及處理學生的事，我花更多時間在面對辦公桌上的電腦，煩惱著公文要怎麼寫、主任交代的事情如何處理，還煩惱事情處理不好而拖累其他老師怎麼辦……好多好多的煩惱加上好多好多的懊惱，讓我整天愁眉苦臉，提不起精神。

記得那時候只要一到星期天下午，我的心中便開始出現一股沉重的焦慮。看著時間一點一滴地流逝，一分一秒地接近星期一，內心的恐懼與不安一滴滴累積，直到入睡才暫時消失。當早上六點的鬧鐘響起，擔心「今天不知又會出什麼錯」的恐懼感又席捲而來。

為了把事情做完，不拖累同事，我每天都留下來加班。可是彷彿困在一個走不出去的迷宮裡，不管工作到多晚，以為把事情想得多仔細了，隔天被其他老師一問，腦袋卻瞬間空白一片，說話支支吾吾，表現得一塌糊塗，只換來對方的失望與無奈。

這樣的糟糕表現是由於自己粗心的個性所造成。忘東忘西又粗心大意的我，公文逾期、請購做錯、計畫寫不好、忘記代辦事項、記不清楚學校的動線……種種離譜的舉止，造成了各處室老師許多的麻煩。

我自責、失落、愧疚，得不到任何成就感。

因此，當老師快樂嗎？對第一年的我來說，當老師好痛苦，真的好痛苦。

那時候在學校宛如行屍走肉的我，每天滿心期待的並非是放學，而是上課。一週八堂的科任課是我可以暫時脫離處室，帶著開心的笑容面對五年級學生的寶貴時間。接下來的四十分鐘，我不是俊堯組長，而是俊堯老師。

在與孩子們的互動之中，我得到了認同與肯定，讓我可以做自己、替心裡充電。從孩子們的笑聲和彼此互動、對談之間，我找到當老師的那份無比喜悅，也漸漸找回笑容。下課時和孩子們聊天或觀看他們遊戲，則讓我重溫當初想成為老師的那一股傻勁。

對於小朋友而言，來學校最重要的時間並不是四十分鐘上課，而是短暫的十分鐘下課。不管是表現超棒的孩子，還是讓人頭痛不已的孩子，都能盡情遊玩、盡情歡笑，這樣的畫面溫暖了我。在孩子們的世界當中，快樂可以非常簡單。

歡笑聲是一種非常有魔力的事物，就如同動畫《怪獸電力公司》的劇情，笑聲永遠比尖叫聲擁有更大的力量。當初心情低落的我，就是看著孩子們下課時歡樂遊戲的樣子而受到打動，歡樂的情緒渲染到我失落的心中。

那屆五年級孩子是我的第一屆學生，他們始終不知道自己在我心中占了多重要的位置。一起上課、聊天和遊戲的他們，給了我成為老師的自信心，也給了當時的我屬於老師才能體會的快樂。

帶著這份自信與歡樂，後來工作終於逐漸上軌道。雖然還是時常出包，但心中越來越踏實。我終於不再像以往那樣讓自己和他人失望。

歡笑是具有無比魔力的事物

之後，我卸下行政職，開始當導師帶班。我把握著能與孩子們互動、玩樂的機會。短暫的十分鐘下課，當然也是寶貴的時間，除了可以讓我稍微喘口氣，更是觀察孩子們遊戲過程與交友狀況的重要時刻。

以我的班上為例，孩子們在下課時，主要分成三大族群，分別是陀螺組、躲避球組與教室組。一下課，熱愛玩戰鬥陀螺的小男生便快速聚集在餐車旁，拿出精心改造的陀螺來對戰。躲避球組的孩子則是一下課，便趕快帶球去操場占場地。教室組的孩子通常留在教室進行較靜態的活動，例如玩史萊姆、看書、吃餅乾及聊天等。

有時我會加入陀螺組，一起喊：「三、二、一、發射！」跟著比賽選手一起血脈賁張地激動起來，還常常玩到上課鐘響才趕快回自己的位子。或是跟著下樓去打躲

避球，那種刺激感真是令人熱血沸騰。只是每當在教室裡看著幾個小女生手中捏著泥狀的「史萊姆」，臉上浮現滿足的表情，我完全無法理解，「史萊姆到底有什麼魔力？明明摸起來這麼恐怖啊！」

看到一個小男生每節下課都趴在欄杆上，望向操場遊戲的同學，還有獨自坐在位子上發呆的小女孩，讓我想起那個曾經感受不到快樂的我。於是我走向前，對眼前的孩子送出邀請：「要不要跟老師一起畫畫？」「可不可以陪老師去操場打球？」

下課是超級棒的時間

對我而言，比起把握時間批改作業，我更喜歡在這短短十分鐘內，與學生們一同感受快樂，分享快樂。因此，下課是一個超級棒的時間。每個孩子都應該在這短暫的幾分鐘內，感受到歡樂的存在！

感謝所有在下課時間努力遊戲、歡笑的孩子們，讓我體會到一個老師的快樂，可以如此平凡又簡單，卻無可取代。

小洋蔥好委屈

——孩子有話說不出，就用演的吧

他什麼話都沒說，只是眼中泛淚地望著我。

我有種感覺，或許這孩子還有什麼其他的情緒，埋在心裡。

當老師變身法官，教室成了審判現場……

下堂是科任課，原已出發去科任教室的小嫩薑卻哭著回來，向我告狀說小洋蔥在走廊上奔跑，撞到了他。明明已提醒小洋蔥好多次在走廊不要用跑的，一聽他又明

知故犯，這回甚至還撞到人，讓我心中的怒火直接燃起。

我先請閒雜人等趕快離開去上科任課，接著迅速清出教室後方的空間，搬出導師椅子擺到正中央，坐了下來，說：「傳——被告小洋蔥、原告小嫩薑，與目擊證人好心的同學。」

我當然沒有這樣說啦。只是每當有孩子來告狀，便覺得自己瞬間由老師變身為法官，教室儼然成了審判現場。

三個孩子排排站在面前。一如往常，我心想這是一件不難處理的事情。為了節省時間好讓他們趕快去上課，便立刻開始一連串的詢問，想要讓小洋蔥趕快認錯並道歉。

我問小洋蔥：「你剛剛有沒有在走廊上跑？」

小洋蔥看著我，點了一下頭。

於是，我開始連珠炮似地對他說：「因為你在走廊上跑步，會讓全班因此被扣彈珠。也因為你在走廊上跑步，讓同學受傷。這樣真的很不應該！」

聽到這裡，他紅了眼眶，淚珠一滴滴地掉落下來。

我認為那是懊悔的眼淚，問他：「那你現在應該怎麼做？」

他卻只是看著我，什麼也不說。

我加重語氣再問：「小洋蔥，你因為在走廊上跑步而撞到人，你現在『應該』怎麼做？」

他依然沒開口，只是眼中泛淚地望著我。

我有種感覺，**或許他還有什麼其他的情緒，埋在心裡**。於是請小嫩薑與目擊同學先去上課，讓教室只剩下我和小洋蔥兩個人。

我突然靈光一閃，這孩子……是感到委屈嗎？

「小洋蔥，你現在感到很生氣嗎？」我問。

他沒說話。

我想了一下，換個說法問：「那你現在有感到一點點生氣嗎？」

他輕輕地對我點了一下頭。

「你現在感到自責嗎？」

因為之前當我提到他的行為會害全班被扣彈珠時，他紅了眼眶，所以我如此推測。但此刻，他不為所動地看著我。

我向他確認他懂不懂得自責的意思，得到的回應是他憤怒地看著我，重重地說：「我知道！」接著將身體與眼睛轉向其他地方，不正眼對著我。

靜靜地看著他一會兒，我突然靈光一閃，問：「那……你感到委屈嗎？」

他微微轉過頭來看我。

「剛剛的事情是不是有什麼誤會，有什麼沒說清楚的地方？」

他看著我，眉毛皺著，呼吸因情緒產生起伏，卻依然沉默。

於是我說：「不然我們把事情演出來！」

他寧可被誤會，也不說出真相，

因為覺得講了也不會有人相信

我用兩張桌子擺成樓梯轉角，其他幾張課桌椅則當作走廊。由我扮演小嫩薑，我們重新演一次剛剛發生的事情。

「三、二、一，action！」

小洋蔥慢慢地小跑步往樓梯口前進，小嫩薑則從樓梯走上來。

倒數十公尺……倒數五公尺……倒數兩公尺……

小洋蔥放慢速度，繞了更大的彎要避開眼前的小嫩薑——突然，他以非慣性方向朝小嫩薑撞上來！

「停！為什麼?!」我錯愕地問小洋蔥。

他解釋說：「老師，我本來是跑得很慢，一看到小嫩薑就把速度放得更慢，想要繞更大圈去避開他。但這時候，被旁邊一位衝過去的大哥哥撞到，我才會往小嫩薑的方向撞過去。」

我好訝異。「那你剛剛為什麼不說？這麼重要的事情，你為什麼沒說出來？」

他低著頭，小聲地吐出三個字：「我不要。」

「你不要？但你剛剛被我們大家誤會，甚至平白無故地遭老師狠狠罵了一頓啊。」

「嗯……」小洋蔥又不再回應。

「難道你喜歡被人家誤會嗎？」我越來越困惑。

「我講了，也不會有人相信我！」他終於開口說：「**以前有幾次，我說了實話，可是那些老師覺得我常不乖，不聽我講的，還被其他同學誤會。所以我就想算了，反正我講了，也不會有人信！**」

我心疼地說：「所以你寧願一個人承擔所有的過錯、被誤會，寧願接受不是你應得的處罰，也不願說出事情的真相？即使是我，你也不願意跟我解釋？」

「因為你很可怕，我會害怕。」小洋蔥說：「老師，你雖然很有趣，但我從沒有看你笑過，因為你都戴著口罩，所以我覺得你好嚴肅、好恐怖。我怕我講了事實，你也不會相信我，反而覺得我只是在找藉口、在說謊，因而更大力地處罰我……」

我摸摸小洋蔥的頭，對他說：「辛苦你了。老師百分之百相信你所說的每一句話，我知道你不會騙我。我相信你！」

小洋蔥看著我笑了笑。

我們打勾勾做了約定，以後他遇到事情，一定會跟老師說事實，不自己憋著。不管是被誤會的或是做錯的，他都會告訴我。

因為想要快速地解決紛爭，卻變成以偏見來看待事情

大人在面對孩子們經常犯的錯時，容易不自覺地帶著既有的偏見去處理。就如同一開始，我自以為是地認為「是小洋蔥錯了」，一心只想要他趕快認錯、道歉，卻忽略了**他雖然好動和調皮，卻是個願意負責任的孩子**，一直以來，只要是他犯了錯，他都會主動道歉。

因為想要快速地解決孩子們的紛爭，卻變成以偏見來看待事情，這樣的處理方式，會讓心裡受了傷的孩子，如同小洋蔥一樣，只能被迫接受不屬於他的指責。

如今的我們學會了如何和病毒共存，習慣戴著口罩來阻隔無情的病毒，沒想到卻也無聲無息地阻隔了溫暖的笑容，讓我成為孩子眼中「沒有笑容」的老師。

即便疫情仍然嚴峻，我也要讓孩子們知道，就算老師沒有愛笑的眼睛，但我絕不會吝嗇給出真摯的情感，以及我溫暖的關懷！

拖拖拉拉的花椰菜

——靜下心，欣賞孩子的慢

我凡事都追求「快」，卻沒有「慢」下來觀察我的學生，一看到孩子沒有做好，就立即想要找到方法改善，卻未深思在「慢」的背後，是否有著另外的堅持。

永遠都最後一個離開教室的學生

每天的科任課是班導可以寫聯絡簿、改作業、偷吃糖果餅乾……的時間，看著孩子們到走廊整隊，準備去上課，我期待著接下來自己能運用的幾十分鐘。但事情總不像預期的那麼如意，總有零星幾個孩子還在教室裡拖磨，找不到直笛的、水壺突然消失的、聽到上課鐘聲就身體不舒服的，還有動作真的很慢、很慢的。花椰菜就是動作很慢的孩子。

剛開學時，他常找不齊上課用品，抽屜也常凌亂不堪，座位旁散落著學用品。因此要上科任課時，往往同學們都已經排好路隊要出發了，他還一個人在教室裡慌張地收拾。

我時常陪著他整理，並提醒他要提早準備：「下次動作要快一點，不要都最後一個離開教室。」聽我這麼說，他只是點點頭後匆忙離開。

有時候，面對孩子的「慢」，我的話也應該慢一點說出口

過了兩週，花椰菜在各方面都進步許多，但仍然是那個最後離開教室的。

有一次上課鐘打完後，我回到班上。全班都去上科任課了，理應空無一人，我從後門卻瞄到教室內還有一個學生。果然又是花椰菜！

「又來了！到底是在忙什麼？」我不耐煩地想。

正準備進去罵人時，看見他剛把自己的椅子靠回桌子，接著將班上其他也沒有靠好的椅子都靠起來。走到了前門，他往回看教室一眼，將電燈都關上後，才匆忙地離開。

這個舉動太窩心了！我邊打開電燈，邊想著花椰菜的行為真令人感動，不經意間看到牆上貼的班級幹部分工表，讓我愣住了——花椰菜的名字旁邊寫著「能源長」，工作內容是：最後一位離開教室，確保電燈都有關上。

好慶幸自己剛剛並未一進教室就劈頭罵人。看來，面對花椰菜的「慢」，我的話也應該慢一點說出口。

一天下午，結束打掃工作的孩子們陸續回到教室。上課鐘響後，我開始上課，過了大約三分鐘才突然意識到：「不對！怎麼少了一個人？花椰菜去哪裡了？」詢問之下，卻沒有人知道他的去處。

打電話去保健室，人不在那裡。

有同學說：「老師，會不會是去廁所？」我趕緊跑去廁所，真的找到了人！

看他背對著門口，站在馬桶前，我心急地問他在做什麼，他卻不慌不忙地告訴我：「老師，你怎麼來了？我在把這些馬桶刷乾淨，還把地板都拖過一次了。老師，你幫我檢查一下。」

回想起來，在那天打掃之前，我交代大家要掃得非常乾淨。花椰菜非常努力地想要完成我所交付的任務，試圖將廁所打掃得一塵不染。然而，認真投入的他卻忽略了上課鐘聲。

「收納習慣」造成的慢，以及「負責與堅持」的慢

在班上，我凡事都追求著「快」，課堂進度要快、作業批改要快、處理孩子們的紛爭也要快。這麼快的步調之下，讓我沒有「慢」下來觀察我的學生，一看到孩子哪裡沒有做好、不符合自己的規定，就立即想要找到方法去改善，卻未深思背後是否有著他們另外的堅持。

然而這兩次經驗，讓我對「慢」的孩子有了新的認識。

花椰菜的動作慢分為兩種，一種是抽屜凌亂、找不到課本的「慢」。這種慢來自於收納習慣，是可以透過學習而調整的。我開始陪著他練習整理、將資料分類。找

到方法後，也改善了他上科任課時拖拖拉拉的問題，甚至有時候，他是第一個到走廊排隊的。

另一種對於工作負責與堅持的「慢」，則是他令人認可及欣賞的態度。就像職人慢工出細活，他對負責的工作有所期許，為了達到自己的期望，每次都努力地去完成。

拖拖拉拉的花椰菜是一位很慢的孩子。然而，因為負責任而呈現的「慢」，反而是這孩子獨一無二的亮點。

靜下心來，慢慢地觀察每一個孩子，或許就會發現除了缺點以外，更有一直以來我們未曾發現的亮點存在。

當孩子出口成「髒」

——老師的靈機應變

教養最困難的地方，在於我們所面對的是每一個不同的孩子。唯有不斷地嘗試，才能找到改善孩子的行為問題，最適合的途徑。

習慣羞辱人的他，卻對著弟弟柔聲呵護

孩子說髒話是許多老師與家長的共同煩惱，我們總想盡辦法要改變孩子，深怕這樣的行為成了一種習慣。尤其是高年級的小孩，「笨×」、「白×」、「智×」、「低×兒」，還有三字經、五字經等等，不僅在同學嬉鬧時會聽到，上課時，也經

常聽他們直接脫口而出。

阿淇在音樂領域的表現突出，並且學業成績中上，才華洋溢的他卻也有這個「習慣」，更常常不帶髒字地罵人。

「智×喔，這種問題也不會。」他大聲凶著同組的組員。過一會兒，又尖酸地挖苦其他組同學：「喔～啊不就好棒棒！」

好朋友的物品被不喜歡的同學碰到，他幫忙出頭，圍著對方大聲咆哮，出言羞辱。同學鞠躬道歉了，他仍氣勢凌人地回說：「道歉如果有用，要警察幹麼啊！」

身為導師，常接到同學們抱怨阿淇說髒話或羞辱人的行徑，甚至有時自己在旁聽見都覺得非常不舒服。

我嘗試過許多辦法想要改善，從溫和勸導到大聲訓斥，也試過罰寫、請他思考被罵的人的感受……然而每次被我約談，阿淇雖然都說「老師，我知道了，我會改啦」，行為上卻未曾改變。

一天放學後，遠遠地看到一個熟悉的身影——是平時氣勢高張，走路會刻意拱肩的阿淇，但這時的他有著我從未見過的祥和。他溫柔地牽著一個小朋友。

阿淇一見到我，連忙向我問好，並且跟身旁的小男孩說：「弟，跟我們老師問好，要有禮貌。」

弟弟小小聲地對我說：「老師好。」

聽弟弟說話那麼小聲，阿淇急忙補充說：「老師，不好意思，我弟比較內向。那我們先回家了，老師再見。」

看著他們兄弟倆的背影，我不禁興奮地在心中大叫：「太好了！或許有辦法了！」

我問他：「你希望弟弟在他的班上罵髒話嗎？」

隔天，阿淇又出言攻擊同學，髒話照常掛在嘴邊。老規矩，我把他叫到身旁，然而根本還沒開口，對老師的苦口婆心早已免疫的他便說：「老師，我知道了，我會改啦！」

我只笑了笑，接著提起前一天看到的景象，並且稱讚他是個很會照顧弟弟的好哥哥。阿淇靦腆地回說是因為弟弟年紀還小，所以他才對弟弟比較好。

接著我詢問他們兄弟倆在家中的相處情況，他開始侃侃而談，分享著平日一起吃

飯、玩遊戲的種種，以及吵架的時候——聽到這裡，我問：「吵架時，你會罵弟弟髒話嗎？」

阿淇點點頭。「會啊！他很調皮，有時候我忍不住會凶他。」

「那弟弟也會回你髒話嗎？」

他搖著頭說：「不會。他聽不懂啦！」

「那麼，你會希望弟弟在他的班上罵髒話嗎？」

這個問題讓他愣了一下。

我也停了一會兒，再問：「你希望弟弟在班上罵出跟哥哥學習到的髒話，而被其他人認為他是沒有禮貌的孩子嗎？」

阿淇沉默了幾秒後，對我搖搖頭說：「我不想。」

「弟弟雖然聽不懂髒話，但是他懂得哥哥總在吵架時對他說這些詞語。或許某天在學校被激怒了，回想起你生氣時的行為反應，進入他腦海的那些話語便會脫口而出。」我說：「罵髒話很容易被認為是不禮貌，可是讓他成為別人眼中的不禮貌小孩的人，竟然是最疼愛他的哥哥。」

阿淇聽著我的話，整個人愣住了。

我慢慢地說：「阿淇，你是很貼心的哥哥，也是弟弟心中的偶像。對於偶像的一舉一動，弟弟都在學習與模仿。」

對弟弟這麼照顧的阿淇，認真地明白罵髒話不僅會傷害到他人，更可能讓重視的人跟著仿效。

「阿淇，你這次真的想要改嗎？」

「我改！」阿淇終於不再是敷衍回應，而是肯定地看著我說：「我改！」

好的方法，卻不一定適用於每個孩子

此後，阿淇的髒話量逐漸減少，當然還是有忍不住脫口而出的時候，但接著便會向對方道歉。

漸漸地，同學們也察覺到，原本的火爆浪子變得好親近多了。

所有的方法都是好方法，但卻不一定適用於每個孩子。

教養最困難的地方，在於我們所面對的是每一個不同的孩子。對於愛說髒話的阿淇，我嘗試過許多種方式想要改變，卻一直踢到鐵板。最後藉由「重要他人」，終於打動阿淇的內心，讓他改善了出口成「髒」的習慣。

唯有不斷地嘗試，才能找到改善孩子的行為問題，最適合的途徑。

小涵的完美主義

——「放棄」，也是一種選擇

她已經用盡了全力，結果卻無法盡如人意，換來的反而是大人們的不諒解。所以她生氣、叛逆，用「學不會」來掩飾自己的無助。

父母的投訴

小涵是表現優秀的資優生，除了學科成績名列前茅，音樂、美勞等術科也難不倒她。然而，六年級開學一段時間後，我開始收到一些對她的投訴：「動作很慢」、

「態度不好」、「功課都沒寫完」……

投訴者並非班上同學，而是她的父母。

「小涵的數學觀念不好，我請爸爸教她，可是沒多久，爸爸就生氣地走出房間，她也氣得不想再學。」媽媽抱怨著女兒是不是開始進入叛逆期了，以前多麼乖巧，怎麼上了高年級就變得不可愛了。

爸爸則告訴我：「我家小涵現在動作都慢吞吞的。每次教她算數學，她都要想很久，連寫功課也拖很久，唸了她之後，她又生氣！叛逆期的孩子真難應付！」

我確實也發現小涵的課業不再像剛開學時一樣，各科都展現出中高水平的表現，反而開始出現特定科目大幅度地下降，偶爾還快要不及格。我決定與小涵談一談。

然而在談話中，只要提到與學業有關的問題，始終只獲得她簡單明瞭地回答「我學不會」。我想可能是高年級學的內容更複雜了，人總會有撞牆期，或許小涵剛好處於一個瓶頸，於是嘗試釐清是什麼地方讓她卡住了，學不會，希望協助她解決問題。

一個禮拜過後，她的作業卻出現更大的斷層。不僅數學作業出現大量錯誤，連最強的語文領域也錯得一塌糊塗。

這孩子到底怎麼了？

「我學不會。」小涵依然如此回覆。

怎麼會學不會？

原來，不是學不會，而是孩子沒有再多的心力去學會

我隱約覺得**在叛逆的行為表現之下，小涵身上可能發生什麼狀況，或是她遇到困難了。**

於是我撇開功課，和她輕鬆地聊起放學後都在做什麼。這才發現她每日的待完成事項有一長串，不僅有學校課業要顧，還有資優班報告，更多的是放學後的才藝（日語、舞蹈、樂器、繪畫），以及學科的補習。這些課業與補習幾乎塞滿每一天，為了完成所有這些任務，她幾乎都忙到凌晨才能休息。

「學習那麼多才藝，你會不會覺得很辛苦？」

小涵點點頭，接著說：「雖然很辛苦，但我不想要放棄。」

聽了她的回答，我很心疼。她是這樣一個對自己要求高的孩子，做事情總想要盡

善盡美。這孩子並不是學不會，而是為了這些興趣和才藝，讓她無法兼顧所有的事情。她不是學不會，而是沒有再多的心力去學會。

我們把她所有的情緒歸因於叛逆的表象，卻沒有人深入了解她情緒背後的原因。

小涵不想放棄，是因為這些從低、中年級便開始學習的才藝，不僅是她很喜歡的興趣，並且每一項都帶給她不同的成就感，還有身旁大人們的肯定。

以前，她只要足夠努力，便可以順理成章地掌握訣竅，兼顧才藝與學業。然而到了高年級，挑戰的困難度增加，爸媽對她的期望也相對提升。為了完成所有挑戰，她已經用盡全力了。當自己用上了全副心力，結果卻無法盡如人意時，她發現身邊原本的掌聲不見了，取而代之的是大人們的不諒解。

所以她生氣、叛逆，用「學不會」來掩飾自己的無助。

明白孩子「求好心切，卻無助」的心情

發現課業出現問題、才藝表現不如期待，小涵其實比任何人都感到氣餒。可是這時候的她，不知道該如何做出「放棄的選擇」。

有人說「堅持」是一件最困難的事情，對小涵而言，**「放棄」卻遠比「堅持」更為艱難**。投入一件事有所謂的「沉沒成本」，要在怎麼樣的時間點放棄，有時候比堅持更令人感到折磨。要離開一個充滿掌聲的舞台，中斷自己的興趣，這不只是放棄，更可能是一種對自己無能為力的失落。

我了解小涵的挫敗以及不想放棄的決心，但是，她面臨的是「時間與心力有限」的殘酷現實，魚與熊掌無法同時兼得，更何況她想要的還有雞腿。

理解小涵在「學不會」之外的真實心聲後，我協助讓爸媽明白孩子「求好心切卻無助」的這份心情，與他們陪同小涵一起討論時間該如何分配，對於喜歡的事情要怎麼做出取捨，小涵也終於做出「放棄的選擇」。

這些學習了那麼久的興趣，就這樣放棄了，不會很可惜嗎？

我認為目前小涵的「放棄」，是在當下這個時間點所做出最適切的「選擇」。那些喜好早已在她身上鞏固好基礎，未來等待時間許可，她將有機會再重新尋回這些喜愛的興趣。

哭也是一件很帥的事

——能表現情緒，才懂得調適情緒

因為落敗而掉淚，一點都不用覺得丟臉，這是很勇敢地表現出自己的失落與不甘心。我覺得這是一件很帥的事！

崩潰大哭的孩子

上數學課時，有時會讓同學們進行小組ＰＫ競賽，全班分為兩組，每個人當然都極力想要讓自己那組獲勝。然而，比賽總是幾家歡樂幾家愁，勝負關鍵常常決定於分秒之內。因此，站在台上宣判比賽結果的那一刻，映入我眼中的畫面既和諧一致，又衝突矛盾。我看到獲勝選手與同組隊員們齊聲歡呼地慶祝，同時，也看見另一名選手落寞地低著頭走回座位。

在走回座位途中，有些孩子很快便能自我調適，坐到位子上，就可以大聲地為下一棒選手加油打氣。有人看起來有點生氣、不甘心，但看到自己那組的選手獲勝時，會立刻跳起來拍手喝采。

那堂課，卻有個孩子克制不住難過的情緒，情緒潰堤地大哭了。

先不打擾他，給他消化情緒的空間

阿賢是A隊的王牌選手，在比賽後段，他被我選上台來進行PK。

第一回合，他成功地秒殺對方的選手，當他已經將答案交給我時，對手才計算到一半。看到這壓倒性的差距，A隊孩子們彷彿看到救世主降臨般，歡聲雷動地替阿賢歡呼。他也藏不住喜悅，雀躍地等待下一回合到來。

第二回合，我選出B隊一位實力堅強，與阿賢旗鼓相當的選手。經過激烈對戰，

最後，阿賢以微秒之差輸了。

當我宣判獲勝的選手和組別時，明顯地看出阿賢失落的眼神與僵掉的表情。他默默走回位子上，坐著一動也不動，兩行眼淚從眼角邊緣滑落而下。

默默流著淚的阿賢引起同學們的注意與關心。而在感受到周遭熱心同學們的關注下，他再也無法抑制難過，越哭越傷心，越哭越用力。這時，台上的我與他對到眼，我微微向他點個頭表示關心，他卻因不好意思而迅速地趴在桌上。

班上開始有更多孩子對阿賢拋以關心的眼神，也把所有的專注度都放在他身上。

看到這樣的畫面，我只好暫停競賽活動，讓全班先安靜下來。接著我說：

「大家這麼投入活動，老師真的很開心。這個活動的目的，並不是想要得到真正的輸贏結果。比起輸贏，老師更想要看你們在過程中認真投入的模樣，更想知道你們有沒有將這個單元的觀念學好。

「阿賢很難過，表示他真的很看重、也很在意這個活動。我很感動看到你們對同學的關心，但**我們現在應該要給他一點時間與空間，先不要打擾他，讓他自己消化一下情緒。暫時的不打擾，將是你們對他的一份貼心。**」

孩子們聽了，真的展現了對阿賢的貼心，收回關切的眼神。於是我們繼續進行活動，阿賢也漸漸平穩了情緒，慢慢地抬起頭，開始幫自己的隊員打氣。

難過是正常的，哭也是正常的

下節科任課時，我將阿賢留下來一會兒，詢問他關於剛剛事件的感受。他告訴我，他很想要替自己那組贏得更多分數，可惜失敗了……說著又難過地掉眼淚。我遞出衛生紙，他卻不好意思地別過頭去，下一秒只見他用衣服擦著眼淚和鼻涕。我慌張地制止，卻聽他帥氣地回說：「沒關係，媽媽會洗。」於是我抱持著他媽媽一定會諒解的心，和阿賢分享我的感覺。

「老師真的看得出來你的期望與你的投入。你想為自己的組別貢獻的態度，是非常令我欣賞的。因為落敗而掉淚，你一點都不用覺得丟臉，你很勇敢地表現出自己的失落與不甘心，老師覺得，這是一件很帥的事！」

阿賢聽了我的話，緩緩地轉過頭來。

於是我繼續說：「把你留下來，只是想要關心你一下。也想跟你說，我很欣賞你很願意為團隊貢獻的態度。難過是正常的，哭也是正常的，一點都沒有關係！

「這次失敗了不甘心，難過完後，要擦擦眼淚，站起來繼續迎接挑戰。下一次再接再厲，讓自己就算跌倒了，還是能站起來繼續面對挑戰。

「老師相信你一定可以做到的，對嗎？」

阿賢看著我點點頭，笑了笑。

每個孩子遇到挫折時，都會有自己的方式應對、調適與復原，再去面對下一次的挑戰。而身為大人的我們，不需刻意避免孩子跌倒。只需在他們跌倒後，能守護在他們身旁，陪他們準備好了，重新站起來。

都是他的錯
——不再找代罪羔羊，而是共同承擔

因為懦弱，我只能看著跌倒的同學承受眾人指責，
卻無法幫助他什麼。
如今這個情景，再度出現在我的生命中……

全班比賽輸了，怪罪一個人？

班級競賽除了爭取榮譽，也能夠凝聚全班的向心力，讓孩子們在一同努力的過程中，學習團結與合作。卻沒想到某次拔河比賽，竟引發班上的一場「抱怨風暴」。

這天的拔河初賽，我們班以二比零的亮眼成績拿下勝利，挺進了複賽。複賽前，我特別向孩子們精神喊話，並與他們約定如果拿到冠軍，老師就請所有人喝飲料。大家一聽都興奮極了，士氣在那一刻達到最高點。他們滿是自信地上場，準備一鼓作氣，拿下冠軍！

然而，最後卻遺憾地以全敗的戰績敬陪末座。不僅喝不到飲料，代表學校出賽的機會也落空。

回教室的路上，孩子們頭上彷彿有片低壓帶，壓得他們連頭都抬不起來。看著贏得冠軍的隔壁班大聲歡呼，他們更加沮喪了。這時，不知是誰說了一句：

「都是小惠的錯！」

同學們紛紛跟著附和，認為班上會輸，都是因為小惠不夠努力。聽著其他人的指控，小惠極力否認卻不被諒解，孤立無援的她哭了起來。大家對她的抱怨聲卻沒有劃下休止符，反倒你一言、我一語地更加強烈抨擊。

看著眼前的畫面，我的心突然揪了一下，這個情景讓我感到似曾相識……

不要再有另一位同學，因我的懦弱而受傷

在我念高中時的班級大隊接力，我們班從一開始便跑出亮眼的成績，持續領先其他班一小段距離。隨著一棒一棒地往後傳，我們獲得第一名的機率也一點一點地提升。但就在進入後段棒次時，我們班的同學因為接棒時跌倒，反被後方超越，雖然他很快便爬起來，忍痛咬緊了牙往前衝，可是始終拉不近落後的幅度。

最後，我們班僅拿到倒數的名次。大多數人都怪罪他，認為是因為他跌倒才害我們輸掉比賽，都是他的錯！面對大家的指責，他自責不已，連著兩三天都默默地在座位上掉淚。

可是我不認為是他的錯。儘管跌倒了，他仍然努力地想要修補自己的失誤。影響名次的因素不只一個，我們無法拿到第一名，怎麼可以全都怪在一個人身上？這樣太不公平了！

可惜這些話，我只敢在自己腦中想，始終不敢向其他同學表達看法。因為懦弱，我只能看著那位跌倒的同學承受眾人指責，卻無法幫助他什麼。

如今，這個情景再度出現在我的生命中。看著眼前哭泣的小惠，我知道這一次，自己絕對不能沉默。我不要再有另一位同學因為我的懦弱而受傷。

為什麼今天怪的是別人，而不是自己呢？

聽著孩子們的抱怨，我向他們解釋：

「拔河是一種團體競賽，不可能因為一個人的力量就贏得比賽，或者輸掉比賽。而且老師從頭到尾都在旁邊幫忙加油，真的沒有看到任何人故意失誤或是態度散漫。我只看到有些人技巧很熟練，有人的技巧比較生疏。可是全班的目標都是一致的，我們都想贏得這場比賽，不是嗎？」

大家都點點頭，稍微冷靜了，底下卻突然冒出一句：「就是技巧不好的小惠害我們輸掉比賽的啊！」這句話劃破了平靜的氛圍，再度激起孩子們責備小惠的念頭。

「為什麼今天怪的是小惠，而不是自己呢？」

聽我這麼一問，大家又安靜下來。

「怪別人之前，或許可以反過來想：為何自己不能帶給這個團隊更大的力量與進步？為何自己無法像其他班級的某某某一樣有壯碩的身材、強勁的爆發力？為何這件事情錯的是他人，而不是自己沒有辦法為這個團隊帶入更多的力量？」我繼續說：「要怪罪他人、檢討他人實在太容易了，但我們也要去思考對方究竟是不是真的盡力了。如果沒有盡力，確實該好好檢討態度的問題。但如果真的盡力了，我們則要好好面對這次的挫敗。」

這一段話總算讓孩子們接受了。雖然對於輸掉比賽依然不甘心，但他們終於不再針對某個人糾錯，而是願意共同承擔這次的失敗。

向心力，只能與名次共存嗎？

可是，教室內的氛圍一直處於一股低壓狀態下，大家沮喪不已。拔河比賽本來是希望凝聚班級向心力，但如今不僅沒有獲得榮耀，就連向心力也輸得殆盡。

我想到他們**拚盡全力的態度、大聲為同學加油，還有贏了比賽的雀躍與輸掉比賽的落寞……這一切不就是團體向心力的凝聚嗎？**

難道向心力只能跟著名次共存嗎？

當天下午，我拿出偷偷訂好的飲料發給孩子們。大家不可置信地看看眼前的飲料，疑惑地望著我。

「今天的拔河比賽，雖然我們沒有獲得心中理想的名次，但是看著你們認真投入的表情，班上熱血、積極又團結的態度，老師真的真的好以你們為榮！」

我邀請孩子們一同拿起飲料，為我們拔來的團結與向心力，乾杯！

我的天使們
——即使魔鬼在身旁，也別忘記心中的天使

孩子們恐慌、怪罪、責備、排斥、鄙視、嫌惡的獵巫反應，閃過我腦海。我已經準備好接招了，來吧！

孩子們問：「老師，是誰確診啊？」

在新冠肺炎疫情迅速擴散的那段期間，班上有一個確診病例，就必須全班停課。眼看鄰近學校陸續傳出停課的消息，我們學校幸運地未受到疫情波及。

然而，某天清晨七點時，小西瓜媽媽傳來訊息表示：「孩子做了快篩，是陽性反應。」看到這個消息時，我手上拿著等待結帳的茶葉蛋，呆傻著站在便利商店內。入班後，見同學們陸續進到教室，放下書包，我卻請他們開始打包課本。大家安靜地整理東西，雖然疑惑，但沒有人發問。等所有人都打包完成後，我才解釋是因為班上有人確診，我們從現在起要停課，回家進行隔離。

一聽到停課，孩子們如我所預期般興奮地又叫又跳。然而在開心過後，緊接著果然也是那個問句：

「老師，是誰確診啊？」

這個提問立刻引起所有同學的注意。大家屏息注視著我，希望我能給出一個確切的答案。

為了保護確診者的隱私，我當然不能透露是誰確診，但尷尬的是全班只有兩個孩子沒到學校。儘管我可以打圓場來迴避這道鋒利的問題，卻沒有信心能擋住大家事後的猜測與懷疑。

於是，我先詢問全班：**「你們知道是誰確診後，要做什麼呢？」**孩子們恐慌、怪罪、責備、排斥、鄙視、嫌惡等等的獵巫反應，一一閃過我腦海。我已經準備好接招了，來吧！

聽我這麼一問，孩子們皺了皺眉頭，卻說：

「知道是誰的話，我想要關心他，看他的身體狀況好不好。」

「沒錯！沒錯！」

「確診一定很痛苦，我們想要知道他好不好。」

大家紛紛開始表達對於確診同學的關心。一字一句的童言童語是如此溫暖，將我原已武裝好的防備心徹底粉碎。

「你們是天使。沒有人希望自己確診。老師本來以為在知道誰確診後，你們是想要怪罪他、排斥他，甚至覺得他身上會有病毒，以後一定要遠離他。沒想到你們的用意竟然是關心。老師真的很感動。你們是天使！」

「希望確診的同學趕快好起來。」不知是哪個孩子說。

「嗯，希望他能趕快好起來。」我回應。

孩子們的關懷與善良，
打敗了我心中的魔鬼

我與小西瓜媽媽保持聯絡，關心孩子的身體狀況。隔天中午，媽媽告訴我小西瓜的健康狀況好轉了，但隨之而來的是他感到非常自責、愧疚，認為由於他的緣故，害大家居家隔離，他好擔心同學們會怪罪自己。聽到孩子的擔憂，我堅定地告訴媽媽，務必讓小西瓜知道他的擔心是多餘的！

經過兩天休息，小西瓜終於登入了線上課程。以往熱情又愛笑的他卻是關上鏡頭與聲音，默默地進入會議室。

然而，一看到小西瓜出現，同學們立即表示關心。得到大家的關心，他才敢開啟麥克風與同學們分享確診後的狀況，漸漸回復原本的活潑。

幾分鐘過後，他的鏡頭也開啟了。那股開朗又令人熟悉的笑容，再度浮現在小西瓜的臉龐。

新冠肺炎疫情來襲，造成人心惶惶，不只影響了生活習慣、學習型態，更使得人與人的相處中，多出了恐懼與提防。但我的孩子們是天使，他們用真心的關懷、純真的善良，徹底打敗了我心中的魔鬼。

願大家身體健康，一切安好，即使魔鬼就在身旁，也不要忘記心中的天使。

做工很累，要認真讀書

——做工，並非不讀書的處罰

或許透過教育，可以讓孩子的未來有更多選擇機會，但是，每一種職業不分高低，都值得我們深深地尊重。

黑手爸爸告誡我們三兄妹：

「你們不要跟爸爸一樣做黑手。」

學校進行了一批工程，最後一天，工人在施工教室的黑板上留下斗大的九個字：

「做工很累，要認真讀書。」

看著這九個字，我心中受到很大的衝擊。

父親是車床工人，也就是俗稱的「黑手」，一家人的溫飽，都靠著家後方工廠裡的兩台傳統車床。時常看到爸爸一人搬著重達幾十斤的鐵料上下機台，不僅得忍受機器運轉時的高溫，更要承受車床刀磨在機器上的不間斷刺耳高頻聲，以及火燙鐵屑四處噴濺的危險。

爸爸下班後，身上總飄散著一股汗臭加上濃厚的油耗味，衣服也早就不是原來亮麗的顏色，而成了一件裹著鐵鏽末與不同油汙的黑衫。

由於工作辛苦，爸爸常對我和弟弟、妹妹說：「你們一定要認真讀書，不要跟爸爸一樣做黑手。」這時他臉上總浮現一股複雜的神情。小小年紀的我以為他是怨嘆自己就是不好好讀書，現在才會這麼辛苦。

考大學時，我的學測分數只能念中後段的私立學校。我認為自己失敗了，爸媽卻始終

沒有給過任何一句批評，兩人還興高采烈地陪我去面試，驕傲家裡終於要有大學生了。

後來透過指考，我進入國立大學的教育學系，由於忙於社團而很少回家，成績更幾度落到令人提心吊膽的及格邊緣。那段期間，與家人的關係日益惡化，尤其是和父親，好長一段時期，我們之間都存在著一道嫌隙。

成為老師後，我將過往的社團經驗融入教學，而獲得學生們熱烈迴響與正向回饋，卻無法將這份成就帶回家分享，因為擔心只要提到大學的社團經歷，必定會遭到爸爸嘲諷。我想他始終都認為我只是個浪費時間的傻子，卻沒有看見我的努力與付出。

有一次，我倆發生衝突，我生氣地質問他：「阿爸，你是不是都認為我在浪費時間？」

其實我心裡說不出口的話是：「我只想要讓你們看見我的努力，只想要讓你們以我為榮。」

爸爸沉默了一陣子，慢慢地開口：「阿堯，阿爸不認為你在浪費時間。爸媽知道你愛逞強，只是擔心你在外面太累，希望有空能多回家休息，有時間陪陪我們而已。」

那是他從未告訴過我的真心話。他臉上有種複雜的神情，就像小時候對我們說「不要跟爸爸一樣做黑手」那樣。

那時我才第一次明白，那既是後悔、悲傷和羨慕，也是一個父親的關心、疼惜與愛。

讀書，並非為了躲避勞力付出；
做工，也絕非不讀書的一種處罰

黑板上的這句話，深植於我的生命裡。這是工人叔叔對小朋友們的體貼建議，更是一位父親對自己孩子的暖心告誡。

但是**「為了不要做工，所以要認真讀書」，真是如此嗎？**

上課時，我將「做工很累，要認真讀書」這九個字寫在黑板上，邀請孩子們一起思考。我問他們：「你認為工人叔叔當下是什麼樣的心情？以及想要傳達什麼？」

有孩子說她認為叔叔既疲憊又後悔，懊悔自己小時候沒有好好讀書，因此希望他們認真讀書，不然長大就會跟他一樣累。也有孩子分享說叔叔是悲傷的，因為做工

很累，一定要好好讀書，才能找到好工作。另一個孩子覺得叔叔是羨慕小朋友們現在還有讀書的機會，所以一定要好好把握。

那麼，孩子們是否也認同這句話呢？

看著台下的他們紛紛點頭表示同意，我接續說著：「依照大家的邏輯，意思是『為了不要做工，所以要認真讀書』，是這樣嗎？」

孩子們不再頻頻點頭，而是安靜地思索著我的問題。

「『做工很辛苦』是對的，『要認真讀書』也是對的，但我卻不認同『因為做工很辛苦，所以要好好讀書』，因為這樣的說法就如同將做工變成了不讀書的一種處罰。畢竟讀書絕非為了躲避勞力付出。」

我告訴孩子們。

當工人是需要專業知識的，就像爸爸侃侃而談地與我分享車床工作時，眼神中總是散發著一股無比自信的驕傲，而我這個老師兒子則呆傻著，完全搞不清楚他口中的那些術語是什麼意思。這些專業術語，以及成功經驗與自信、驕傲的背後，便是專業知識的展現。

或許透過教育，可以讓孩子的未來有更多選擇機會，但是每一種職業不分高低，都值得我們深深地尊重。

不管是校園裡的工人，或是做黑手的爸爸，我認為他們都是非常偉大的人物。

【後記】

我要成為讓孩子幸福的老師

家長與老師始終是孩子教育上的共同夥伴。就如同《追風箏的孩子》所寫道：「為了你，千千萬萬遍。」為了孩子，我們也要一起努力，繼續加油！

身為老師最重要的，除了本身的專業知識以外，我認為更重要的是對於教育的信念。

擔任教職幾年來，每當遇到不同的問題時，都讓我回頭審視任教的初衷，也一次又一次地更加確立自己的信念。

第一次的班親會

每個學期初有一場難得與家長齊聚班上的「班親會」，這也是向家長們說明自己的教育理念的時刻。回想起二十五歲時迎來人生中的第一場班親會，緊張、不安又壓力爆表的狀態，讓我整整失眠了一個禮拜。

「年輕」、「應屆」、「能與孩子打成一片」本該是我的優勢，但是若從另一個角度看，卻可能引發「菜鳥」、「沒經驗」、「班級經營能力欠佳」等質疑。有沒有辦法消除這份來自家長的顧慮？有沒有辦法使「信任」取代親師間的「質疑」呢？

班親會當天，有多達半數以上的家長出席。雖然害怕又緊張地雙腳抖個不停，但我仍走上台，清清喉嚨，開始了教職生涯中的第一場班親會。面對台下這群比我年長、社會歷練比我豐富的家長們，他們是「放心」或「質疑」，就看這一刻了。

「各位家長好，我是俊堯老師，是您們寶貝未來兩年的導師。我想請問，看到我之後，您有覺得『哇！老師看起來好年輕』的請舉手。」家長們紛紛舉起手。

我接著說：「我今年二十五歲，這是我第一次帶班。如果我是在座的爸爸媽媽，一定會在心中疑惑著這個老師完全沒有帶班經驗，對這位老師，我真的能放心嗎？」

家長們訝異地看著我，不懂老師怎麼會自曝其短地說出自己的問題。

「我知道，您一定很擔心，因為相較於其他資深老師來說，我實在很菜，很沒有經驗。但是我可以保證，對於每一個孩子的熱忱與用心，我絕對不會少於任何一位老師。這是我第一次帶班，請您千萬不要對我放心，如果有任何孩子的問題或對我的建議，都歡迎您與我討論。」

聽完我誠懇的回答，家長們紛紛給予肯定的眼神，讓我瞬間信心大增，發軟的雙腳終於不再顫抖。

我的班級經營理念

此後，每一次的班親會，儘管主軸和內容會有變化，但不變的是傳達我想要傳遞的理念，並確立與家長之間的關係，也讓我發現原來每個孩子都還有好多我不了解的地方。

關於班級經營的理念，或許有人覺得平凡無奇，但以下這五個想法卻是我認為最重要的。

一、同理心

我們都希望孩子貼心、懂事又負責，但這三種品格有個共同的基礎，就是「同理心」。我希望培養學生擁有同理心，但這不是被教導出來的，而是需要被「喚醒」。

在某次班親會上，我和家長們玩了一個小遊戲。我向他們借了一支現場價格最貴的手機，接著轉而背對著他們。要做什麼呢？其實這是一場信任遊戲——數到三，我便往後拋出手機，也不知道會丟到哪裡，所以眾人皆屏息以待，非得接住這支手機不可啊！

我站在講台上開始數「一……二……三！」，手臂大力地往後甩，只聽台下不約而同地傳來「啊！」、「嘶～」的聲音——當然，價值不菲的手機仍在我手裡。

這支手機的主人明明只有一位，大家卻都跟著一起緊張，正是因為有「同理心」。就像這樣，許多人都認同同理心很重要，它卻不是能夠靠宣講式的教導就達到。當孩子們願意站在別人的角度思考時，同理心才能被喚醒。

就像寫在這本書裡面的點滴，每一屆帶班，我都透過不同的故事和遇到的事件，把握機會與孩子們討論，透過經驗的刺激來喚醒同理心。

二、作夢

作夢是孩子們的權利。每個大人都曾經是小孩，可是許多人漸漸忘了怎麼作夢。從小到大，我的夢想一直改變。國小時想當籃球選手，再大些想成為摔角選手（是的，夢想與體型無關啊）。考大學時，我學測沒考好，然而正當我深陷低潮時，有一個對我人生影響至大的關鍵人物出現，正是因為她，我想要成為老師！

她是我高中的班導，她對失落又沮喪的我說：「俊堯，青春不是百戰百勝的戰場，你要成為一朵壓不扁的玫瑰。」導師遞給我一張溫書假的假條，告訴我就算在家裡也要用心讀書，她相信我一定能在七月的指考有符合自己實力的好表現。於是後來的日子，我盡全力準備，終於在指考時獲得很大的進步。

選填志願時，我想起家人的陪伴與支持，以及班導師在我沮喪、無助時，鼓勵我並相信我。我終於找到了自己的目標——我要當老師。我想要成為像高中班導一樣帶給學生溫暖與動力的老師，也想成為能傳遞家庭教育重要性的老師。

當你回頭看向過去，還記得自己曾經的「夢」是什麼嗎？棒球選手？舞蹈家？火車駕駛員？

唯有給孩子作夢的權利，他們才有實現夢想的可能性。而同樣重要的是，我們大人也要一起陪著孩子們作夢。

三、老師與家長的關係

在學校，難免會聽到親師衝突的事件爆發，有些家長氣呼呼地到學校要找老師理論；有些家長透過聯絡簿與老師隔空筆戰。然而，一切爭吵的核心絕不會離開「孩子」本身。

您曾否試想過：在這世上，有誰會真心希望孩子能超越自己的成就？一是家長，另一則是老師。

就像我的夢想一樣，我希望未來，我的學生回來找我時，能告訴我他們目前多有成就，人生過得多好。而這樣的期盼，是不是也存在於爸爸媽媽們的心中呢？

因此，真心為孩子著想的兩種角色，絕對不能是對立的關係，因為我們擁有共同的目標——陪著孩子前進。所以我們絕對不會是對立的敵人，而是孩子教育上的夥伴。

四、「了解孩子」是最重要的事

教書幾年下來，我養成一個習慣，就是從不在下課時間改作業。因為這十分鐘是我觀察孩子們最真實性情的珍貴時刻。我寧願默默地湊到他們身旁聊天，趁機打劫他們的零食，或是開心地去與孩子們打球，有時則坐在位子上，從教室後方看著孩子們歡笑與打鬧。下課時間所觀察到的遊戲情形與人際互動，讓我能從更多面向去了解孩子，所以改作業大多是下班以後的事，這也是為何我的作業總是改不完的原因……

五、教育是一把鑰匙

《讓天賦自由》的作者、有「世界的教育部長」之譽的肯·羅賓森曾說：「教育就像是一把鑰匙，而每個孩子身上都有一道鎖。鑰匙若轉對方向，我們將開啟孩子背後那無窮的寶藏、無限的可能；鑰匙若轉錯方向，我們將鎖住這一切。」

我認為教育是鑰匙，「愛」與「榜樣」則是找到寶藏的重要指引，因為我有一段快樂且幸福的童年，遇到過改變我人生的重要他人，了解到大人的愛與榜樣是孩子成長路上難能可貴的禮物。無論是一般生或特教生，對於來自不同家庭背景的學生，我願帶著傾聽和理解去接近並陪伴他們。就像我的老師曾經讓我相信自己一樣，我也想讓我的孩子們相信自己能找尋到發光綻放的舞台。

這就是我最重要的教育信念與初衷。

記得第一次班親會的前一晚，我還在思索著該怎麼讓家長信任我。煩惱到最後，突然領悟了，或許解答不應該在我身上，因為「孩子」才是解答！

而現在，即使帶過幾屆學生、經歷了數次班親會，我仍告訴自己：面對每一班的孩子，我要把自己調整為菜鳥老師的心態，與家長一同學習，一同感受孩子珍貴的成長時光。

國家圖書館預行編目資料

當老師真是太棒了：一位年輕老師在教育現場的無限可能/黃俊堯著. -- 初版. -- 臺北市：寶瓶文化事業股份有限公司, 2022.12
面； 公分. -- (Catcher ; 106)
ISBN 978-986-406-328-4(平裝)
1.CST: 教育 2.CST: 師生關係 3.CST: 文集

520.7 111018196

Catcher 106

當老師真是太棒了
——一位年輕老師在教育現場的無限可能

作者／黃俊堯
企劃編輯／丁慧瑋

發行人／張寶琴
社長兼總編輯／朱亞君
副總編輯／張純玲
編輯／林婕伃
美術主編／林慧雯
校對／丁慧瑋・陳佩伶・劉素芬・黃俊堯
營銷部主任／林歆婕　業務專員／林裕翔　企劃專員／李祉萱
財務／莊玉萍
出版者／寶瓶文化事業股份有限公司
地址／台北市110信義區基隆路一段180號8樓
電話／(02)27494988　傳真／(02)27495072
郵政劃撥／19446403　寶瓶文化事業股份有限公司
印刷廠／世和印製企業有限公司
總經銷／大和書報圖書股份有限公司　電話／(02)89902588
地址／新北市新莊區五工五路2號　傳真／(02)22997900
E-mail／aquarius@udngroup.com

法律顧問／理律法律事務所陳長文律師、蔣大中律師
如有破損或裝訂錯誤，請寄回本公司更換
著作完成日期／二〇二二年九月
初版一刷日期／二〇二二年十二月一日
初版四刷日期／二〇二三年八月二十九日
ISBN／978-986-406-328-4
定價／三三〇元

愛書人卡

感謝您熱心的為我們填寫，
對您的意見，我們會認真的加以參考，
希望寶瓶文化推出的每一本書，都能得到您的肯定與永遠的支持。

系列：Catcher 106　**書名：當老師真是太棒了——一位年輕老師在教育現場的無限可能**

1.姓名：＿＿＿＿＿＿＿＿　性別：□男　□女

2.生日：＿＿年＿＿月＿＿日

3.教育程度：□大學以上　□大學　□專科　□高中、高職　□高中職以下

4.職業：＿＿＿＿＿＿＿

5.聯絡地址：＿＿＿＿＿＿＿＿＿＿＿＿＿＿＿＿＿＿＿＿＿＿＿＿

聯絡電話：＿＿＿＿＿＿＿＿　手機：＿＿＿＿＿＿＿＿

6.E-mail信箱：＿＿＿＿＿＿＿＿＿＿＿＿＿＿

□同意　□不同意　免費獲得寶瓶文化叢書訊息

7.購買日期：＿＿年＿＿月＿＿日

8.您得知本書的管道：□報紙／雜誌　□電視／電台　□親友介紹　□逛書店　□網路　□傳單／海報　□廣告　□瓶中書電子報　□其他

9.您在哪裡買到本書：□書店，店名＿＿＿＿＿＿　□劃撥　□現場活動　□贈書　□網路購書，網站名稱：＿＿＿＿＿＿　□其他＿＿＿＿＿＿

10.對本書的建議：（請填代號　1.滿意　2.尚可　3.再改進，請提供意見）

內容：＿＿＿＿＿＿＿＿＿＿＿＿＿

封面：＿＿＿＿＿＿＿＿＿＿＿＿＿

編排：＿＿＿＿＿＿＿＿＿＿＿＿＿

其他：＿＿＿＿＿＿＿＿＿＿＿＿＿

綜合意見：＿＿＿＿＿＿＿＿＿＿＿＿＿＿＿＿＿＿＿＿＿＿＿＿＿＿＿＿＿

11.希望我們未來出版哪一類的書籍：＿＿＿＿＿＿＿＿＿＿＿＿＿＿＿＿＿

讓文字與書寫的聲音大鳴大放

寶瓶文化事業股份有限公司

（請沿此虛線剪下）

廣 告 回 函
北區郵政管理局登記
證北台字15345號
免貼郵票

寶瓶文化事業股份有限公司 收
110台北市信義區基隆路一段180號8樓
8F,180 KEELUNG RD.,SEC.1,
TAIPEI.(110)TAIWAN R.O.C.

（請沿虛線對折後寄回，或傳真至02-27495072。謝謝）